教育部人文社会科学重点研究基地
云南大学西南边疆少数民族研究中心书系

教育部
大学西南边疆少数民族研究中心资助出版

田野经纬
社会变迁中的群体叙事与社会关怀

柯尊清　主编

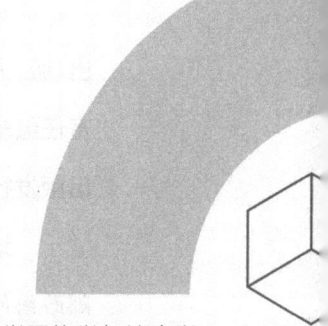

云南大学民族学与社会学
本科生研究成果文库

学苑出版社

图书在版编目（CIP）数据

田野经纬：社会变迁中的群体叙事与社会关怀 / 柯尊清主编． -- 北京：学苑出版社，2025.3. -- ISBN 978-7-5077-7170-1

Ⅰ．C53

中国国家版本馆 CIP 数据核字第 2025W43H15 号

出 版 人：洪文雄
责任编辑：战葆红　马维佳
出版发行：学苑出版社
社　　　址：北京市丰台区南方庄 2 号院 1 号楼
邮政编码：100079
网　　　址：www.book001.com
电子邮箱：xueyuanpress@163.com
联系电话：010-67601101（营销部）　010-67603091（总编室）
印 刷 厂：北京建宏印刷有限公司
开本尺寸：710 mm×1000 mm　1/16
印　　张：15.75
字　　数：200 千字
版　　次：2025 年 3 月北京第 1 版
印　　次：2025 年 3 月北京第 1 次印刷
定　　价：88.00 元

云南大学民族学与社会学本科生研究成果文库编委会

主　编：何　明

副主编：谢寿光　　李晓斌

委　员（按姓氏笔画为序）：

马凡松　　马居里　　马翀炜　　王越平　　伍　奇

李志农　　杨绍军　　胡洪斌　　高万红　　谭同学

目 录

延展自然：重估19世纪治理术的诞生……周天羽 / 1
  一、绪论 / 3
  二、重商主义、重农学派及观念的制度化 / 9
  三、自然观念的转变 / 17
  四、治理术的工具：法律和边际 / 22
  五、结论 / 25

边疆民族村落独居老人生活世界分析
  ——以J省Y村为例……李会泽 / 27
  一、引言 / 29
  二、文献回顾 / 30
  三、朝鲜族独居老人生活世界的宏观图景 / 39
  四、朝鲜族独居老人生活世界的微观呈现 / 48
  五、朝鲜族独居老人生活世界的文化启示 / 58
  六、结语 / 62
  参考文献 / 65

流动的生活：昆明市外卖员群体研究……窦文博 / 69

一、绪论 / 71

二、昆明市外卖员群体概述 / 78

三、外卖员职业流动：出于理性选择的入职与离职 / 84

四、昆明市外卖员的工作评价 / 90

五、外卖员工作过程中的职业互动 / 95

六、总结 / 100

参考文献 / 103

产业化过程中农民的经济理性
——以Y村为例……段紫林 / 107

一、前言 / 109

二、田野点和样本介绍 / 118

三、农业产业化过程中农民生计方式变迁概况 / 120

四、生计方式变迁中农民的经济理性 / 128

五、结语 / 133

多元交织视角下农村妇女的健康照料研究……谭昀湫 / 135

一、绪论 / 137

二、农村妇女健康照料现状与特征 / 142

三、以多元交织视角分析农村妇女健康照料中的困境 / 151

四、探索农村妇女健康照料的改善方向 / 159

五、总结 / 164

参考文献 / 166

路桥建设工程队组织决策研究

——以昆明某桥路建设项目工程队为例……穆海涛 / 169

一、绪论 / 171

二、个案基本情况 / 177

三、工程队决策的影响因素 / 189

四、研究发现与讨论 / 203

参考文献 / 210

"双减"政策的实施及其影响探究

——以湖北省 W 镇小学的个案研究为例……沈星竹 / 213

一、前言 / 215

二、研究设计 / 223

三、结论与反思 / 236

参考文献 / 239

延展自然：重估19世纪治理术的诞生

作　　者：周天羽
　　　　　云南大学民族学与社会学学院
　　　　　2017级社会学
指导教师：张美川

一、绪论

（一）引言

治理术是福柯最为著名的概念之一，当今诸多学者用此术语分析现代社会中各式各样的政治经济支配制度。与其说治理术直接指向某一历史时期内一系列具体的管制措施和统治技艺，倒不如说它首先作为福柯的一个不够清晰、没有完成、大纲空疏但洞见闪烁的历史研究计划而吸引着后来者。

只有在历史资料中仔细而不乏创新地贯彻治理术的研究方法，才能揭开其内核和运作逻辑。本文便按照这种思路，以治理术为分析视角，暂时悬置福柯本人的结论，仔细核对福柯所判定的治理术诞生的关键历史时期。我将这个时间段界定在重商主义盛行与历史学派盛行之间，即大约1642年到19世纪80年代，由此得出更为丰富的、具体的、准确的治理术内涵。

（二）文献综述

1. 治理术的概念

福柯在法兰西学院的课程上（1976年、1978年、1979年）提出治理术，在这不连续的三年中，第一年福柯将"保卫社会"作为核心论题，最后一年福柯将"生命政治"作为性史的前奏谈起，也就是说，在其数十年的学术生涯中，宏观意义上的治理术（即不只包含自我治理的治理术）作为福柯的核心论题只有一年。福柯在这三年中多次为治理术下定义，每一次的定义都不尽相同，在其1977年到1978年的课程中，福柯最为体系化地论述了他所定义的治理术内涵，其中包着三层内涵：

第一，由制度、程序、分析、反思以及使得这种特殊然而复杂的权力形式得以实施的计算和手法组成的总体,其目标是人口,其主要知识形式是政治经济学,其根本的技术工具是安全配置(apparatus of security)。

第二,在很长一段时期,整个西方存在一种趋势,比起所有其他权力形式(主权、纪律等)来说,这种可称为"治理"的权力形式日益占据了突出的地位(pre-eminence),这种趋势,一方面导致了一系列治理特有的机器(apparatuses)的形成,另一方面则导致了一整套知识(savoirs)的发展。

第三,"治理术"这个词还指这样一个过程,或者说这个过程的结果,通过这一过程,中世纪的司法国家(the state of justice),在十五六世纪转变为行政国家(administrative state),而现在逐渐"治理化"了。①

对于福柯而言,治理术研究仿佛一架继往开来的桥梁,一头是具体而精确的微观权力机制研究,另一头则是有关自我解放的伦理研究,唯有中间的桥梁看起来既不稳固也不必要,研究者只是在此基础上匆匆赶路。这个时期福柯论述的风格与研究的方法似乎也与其整体的调性不搭。与这一研究的短暂、粗略和突兀形成鲜明对比的是学界对这个观念持久的热衷、解读和运用。

2. 对治理术的解读

许多学者对治理术概念进行理论分析,由此产生了三类不同的研究文献。

第一类文献为纯粹的概念解析,学者们基于法兰西学院讲座的文本,扎实刻苦地在福柯的文本范围内"旁征博引",通过一遍遍复述从牧领权力到治理术的演化过程,试图还原福柯的本意究竟是什

---

① 米歇尔·福柯:《安全、领土与人口——法兰西学院演讲系列:1977—1978》,钱翰、陈晓径译,上海:上海人民出版社,2010年,第91页。

么。莫伟民[1]和托马斯·莱姆克（Thomas Lemke）[2]便是此类研究者中的佼佼者。他们的文本风格类似，参考文献也总是清一色的福柯原本。这种康德意义上的"分析"方法能让已有的知识更清晰，但却无力给我们更多的知识。这种方法能够，并且只能，让我们更为接近概念的原貌，因此，其有用与否完全取决于这个概念在原作者笔下的明晰程度：如果治理术这个术语面临的是福柯本人的叙述准确流畅、环环相扣并富有坚实的涵义，但因为各种原因其内核被遮蔽，其中洞见隐而不彰（如同罗马法的命运），那这样的梳理便意义显著。如果这个概念本身就较为粗略，再多基于原本的分析恐怕也难以使其更加清楚。

第二类文献对治理术的评论颇具立场性，这类文献多出自西方左派学者之手，其中兼具了传统左派和新左派。张一兵认为，福柯想借此拆穿自由主义不过是愚弄大众的手段，现代西方世界的人民在治理下实际上"生不如死"。[3]传统左派惊讶于福柯的"向右转"，指责他对新自由主义的理解过于乐观和幼稚，并怀疑他对治理术的阐释是在为自由主义背书。[4]这一类的观点均用一套与治理术完全不同的理论来注释治理术，这不是两种理论的碰撞，而是一种理论对另一种理论的强势覆盖。这种解读方式相对于第一类的纯分析方法或许会给我们更多的知识，但更多并不意味着更好，因为漂亮的扬洒千言可能并不符合，甚至极大程度地扭曲了作者的核心宗旨和问题意识。

---

[1] 莫伟民：《从"解剖政治"到"生命政治"：福柯政治哲学研究》，上海：上海人民出版社，2018年。
[2] Thomas Lemke. Eine Kritik der politischen Vernunft: Foucaults Analyse der modernen Gouvernementalität, trans. Erik Butler, New York: Verso, 2019, p. 28.
[3] 张一兵：《回到福柯》，《学术月刊》2015年第6期。张一兵的此篇论文是国家"十一五"社科规划重大招标项目"当前意识形态动态及对策研究"的阶段性成果。
[4] 乔弗鲁瓦·德·拉加斯纳里：《福柯的最后一课：关于新自由主义，理论和政治》，潘培庆译，重庆：重庆大学出版社，2016年，第9—11页。

第三类文献比较有趣，其着眼于方法论，认为治理术研究隐藏着目的论的历史观，如果我们直白地将这种历史观摆上台面，并简洁叙述治理术历史的话，《安全、领土与人口》的内容就会变成：西欧现代国家寻找治理的有效工具，它们都如愿做到了。这明显与谱系学强调偶然、强调断裂、强调斗争的精神水火不容。① 这种断裂也让诸多后来者拒绝福柯有关治理术的研究成果，只从那些符合谱系学精神的研究中汲取养料。然而关心方法论的学者毕竟还是少数，绝大部分学者都乐于运用治理术来解释现实问题。

3. 治理术的运用与滥用

在英文学界，治理术概念被广泛运用到性别、殖民、移民、金融危机、苏联统治等研究领域中。② 除了该术语在新自由主义领域分析的运用（因为福柯便用治理术视角研究新自由主义），③ 这些研究极大范围地延伸了治理术的本意，并用创新的方式将此分析框架以非常宽泛化的方式使用。更进一步来说，即使是关于新自由主义的分析，因为缺乏对治理术清晰的认知，所以我们仍然不知道这是否只是另一种滥用。

中文社科学界对于福柯及其治理术概念极具热情，最突出的体

---

① Thomas Biebricher, Genealogy and Governmentality, Journal of the Philosophy of History, 2008, Vol.2(No.3)：363-396.

② 后殖民时代的治理术研究例如 Stuart Corbridge, *Seeing the state: governance and governmentality in India,* Cambridge: Cambridge University Press, 2005. 和 Legg S, Heath D, Chacko M A, *South Asian governmentalities: Michel Foucault and the question of postcolonial orderings,* edited by Stephen Legg and Deana Heath, Cambridge: Cambridge University Press, 2018. 金融危机的治理术研究例如 Glenn J G, *Foucault and post-financial crises: Governmentality, discipline and resistance,* Berlin: Springer, 2018. 移民的治理术研究例如 Karal D, *Ethico-political governmentality of immigration and asylum: the case of Ethiopia,* Ankara: Middle East Technical University, 2015. 全球化的治理术研究例如 Lipschutz R, Rowe J K, *Globalization, governmentality and global politics: regulation for the rest of us?* London: Routledge, 2006.

③ 例如 M Brady, RK Lippert. Governing practices: Neoliberalism, governmentality, and the ethnographic imaginary, Toronto, University of Toronto Press, 2016.

现便是20世纪末聚集在北大的"福柯读书小组"。在今天看来，无论是昔日投身其中的学子（李猛、李康、应星、吴飞、赵晓力、郑戈、强世功、杨立华等），还是向他们传道授业的指导老师（孙立平、郭于华等），都是本土社会学界、哲学界、法学界的中流砥柱和担纲者，并都著有关于本土制度安排的研究文章。[①]各位学者确实是受到福柯视角的启发，但是他们的研究较少涉及治理术的本意。中文学界有关中国特色的制度研究，更多基于《规训与惩罚》和《疯癫与文明》所激发的灵感。

这种种现象背后引出的问题为，是否一切政治背景下的"管制组合拳"都可以被称为治理术？如果是的话，那么治理术将会成为政治社会学领域中最无效力的术语，可类比于当今中国社会将一切竞争都称为内卷时，内卷一词就不再有任何的分析意义。如果不是的话，我们到底应该如何对待治理术呢？

（三）研究方法

我认为，上面三类文献，要么局限于原本的框架，要么只是专注于历史观问题，更为糟糕的是抛开了文本架构而着眼于立场判断。前人的研究之所以出现以上缺憾，在于脱离了具体的历史背景。关于构建理论，布罗代尔曾言：一个理论如同一艘船，先在陆上建造，

[①] 例如张静：《国家政权建设与乡村自治单位——问题与回顾》，《开放时代》2001年第9期，第5—13页。张静：《村庄自治与国家政权建设——华北西村案例分析》，《中国乡村研究》2003年第1期，第32页。渠敬东、周飞舟、应星：《从总体支配到技术治理——基于中国30年改革经验的社会学分析》，载应星等主编《中国社会学文选》（上册），北京：中国人民大学出版社，2011年。孙立平：《社会建设与社会进步》，载陆学艺主编《中国社会建设与社会管理：对话·争鸣》，北京：社会科学文献出版社，2011年。孙立平：《走向社会重建之路》，《新远见》2010年第2期，第5页。孙立平、郭于华：《"软硬兼施"：正式权力非正式运作的过程分析——华北B镇定购粮收购的个案研究》，载应星等主编《中国社会学文选》（下册），北京：中国人民大学出版社，2011年。

然后下水，方知船能否乘风破浪、扬帆远航。①作为一个针对特定时期的历史理论，治理术应该在历史的情景得到检验。

研究方法的选择应针对研究对象的特征，由于治理术涉及的广度（涉及西欧多个国家、时间跨度大）与深度（最重要也最困难的是对将资料抽象为理论的要求），因此我认为有必要着重澄清一下本研究在方法上的要点。

扎根于历史文献，运用历史社会学的方法和成果。目前历史社会学逐渐成为社会学领域的显学，由此产生了关于现代民族国家兴起的丰富成果。在方法论上也重新强调了比较历史（与之形成对比的是国别史）和共时性共变（与之形成对比的是线性目的论）的新思维。福柯论述重商主义和重农主义时，似乎忽略了他所谈论的是英法两个国家，而在同一个水平上比较重商主义和重农主义的差别，这样的分析方法含混不清，似乎是被经济学思想史的研究方法所影响。因此做一个方法论上的清理就十分必要了。

十分值得注意的是，在福柯的视野中治理术既非仅仅指涉思想理论也非仅仅指向实践技艺，我认为其内含实际上是指某种观念/概念演化为一类知识（系统性的观念和经验性的认知）并落实为一套动态制度（物质化的知识）②的过程，这种定义方法符合福柯有关"装置"的定义，后者包含了人的观念、人为的物质、自然的历史、偶然的因子、权力的运转等等。因此本研究考察的范围十分广阔，横跨多个学

---

① 费尔南·布罗代尔：《资本主义的动力》，杨起译，北京：生活·读书·新知三联书店，1997年，第88页。
② 霍奇逊认为仅靠思想无法改变历史，唯有将思想转化为支持性制度才能真正产生影响，参考霍奇逊：《经济学是如何忘记历史的：社会科学中的历史特性问题》，高伟译，北京：中国人民大学出版社，2008年，第66页。唐世平认为制度实际上是观念的化身，"institutional change is essentially a process of turning ideas (out of the pool of many) into institutions (because institutions are embodiments of ideas or codified ideas)"，参考 Tang S. A general theory of institutional change, London: Routledge, 2011: p. 8。

科，纵深百年历史，这也意味着笔者运用材料有着高度的选择性。

本研究最困难的地方在于研究周期太短，这对于理论研究而言是根本上有害的。在这次的研究中，笔者深感理论研究面临的独特困难：在一瞥浩瀚书海之后，需要时间来沉淀，让相互争论的各门各派熔于一炉，然后再从纷繁复杂的文献数据中抽象出一个具体的理论轨迹。笔者不认为以论文的篇幅和自己目前的知识水平可以十分细致地刻画出治理术诞生的历程，借用熊彼特的话来说，本文致力于成为"一本巨著非常详细的、带有分析性的目录"[①]。作为笔者有关治理术的系列研究的第一篇论文，本文并非为了给这个著名的概念盖棺论定，而是为以后对更为细致的治理术研究乃至新自由主义时代的治理术研究架桥铺路。

因此，简而言之，相较于其他以治理术理论为核心的研究文献，本研究的独特之处在于结合政治经济学、法学、政治哲学、财政学的实践史，运用历史社会学的方法和成果，把握"治理术"从观念到知识再到制度的过程，最后得出一个与福柯本人的研究不尽相同的结论。

二、重商主义、重农学派及观念的制度化

在福柯看来，一个有别于17世纪治理术的现代治理术诞生于重农主义取代重商主义的时刻。[②]重农主义，立足于可能性、可行性和新的管理理性，有别于传统观念、法权和政治哲学等一切合法性，

[①] 熊彼特用这段话来形容杜尔阁的《关于财富的形成和分配的考察》，以此来衬托杜尔阁写这本书时的仓促，另一方面也肯定了这本书的理论框架比《国富论》更胜一筹，参考熊彼特：《经济分析史》，朱泱、孙鸿敞、李宏、陈锡龄译，上海：商务印书馆，1994年，第375页。

[②] 米歇尔·福柯：《安全、领土与人口》，上海：上海人民出版社，2018年，第462—463页。

这个学派不问政府的干预行为是否属于它的职权范围，而是关心这些行为能否达到预期目标，会造成什么非预期后果，是否合乎自然规律。福柯在这个历史时刻发现了现代自由诞生的一个独特的产房，这并非生死搏斗、利益纠缠的政治产房，也不是思辨正义、宣称正当的法学产房，而是一个关注自然规律、颇具工具理性的知识产房。在这种视野中，市场所拥有的（部分）独立和自由，乃至公共社会所拥有的（部分）权利和自由，来自政府接受了关于社会运作自然规律的知识，并且为了增强国家的力量，为了更加便利地汲取赋税，由此所采取的限制自身管理范围的治理术。这样的知识来自两个前提：对政治干预结果的准确预估；把市场看作如同自然一般，可以自我调节和运作。

福柯认为重农学派的认知方法可以满足以上两个前提，而重商主义正好相反：重商主义主张国家积极地参与经济活动，把市场看作是不同国家之间角逐的竞技场，而且对于政策实际上会造成什么样的结果难以在执行前或执行中做出准确判断。与此同时，对重商主义和重农主义的实践历程做出判断也是容易的，因为两个流派均有代表性人物出任各自国家的首相或财政大臣，这也帮助福柯的讨论免于落入思想史争辩的窠臼。

可是如果我们仔细研究重商主义的历史，会发现福柯对于重商主义的理解可能并未把握住核心问题。福柯的理解与亚当·斯密等人对重商主义的评述十分相似，后者是前者的主要来源。重商主义在《国富论》中被脸谱化、去情境化了，它被制作成一个错误学说的典范，一个新兴自由贸易学说的靶子（亚当·斯密的学说同样经历了这样一个过程）。据说，汇聚在重商大旗下的政策者陷入了米达斯谬误，居然误将货币和财富混同，因此才会使用各种保护主义手段制造贸易顺差，这是令人难以置信的，在历经亚里士多德等无数思想家的批判后，数百年的学者们仍犯了如此幼稚的错误。①

实际上，历史上究竟有没有作为一个学派、有着核心信条的重商主义都是一个疑问。所谓的重商主义代表人物，包括了红衣主教、小册子作家、财政大臣、公司经营者等各路人马，他们没有完全一致的核心信条，也没能提出一个经济系统的概念。重商主义或许可以被称为是一种思潮，但这种思潮并非来源于人们的错误认知，而是来源于具体的时代背景，来源于对西班牙问题的回答。

所谓的西班牙问题是指15世纪末以来西班牙在与美洲的贸易中占得先机，因此在面临新形势带来的经济压力时，它也首当其冲。美洲大量的黄金涌入了西班牙，形势变化之快远超人们的想象和控制，②远程贸易和价格革命并未给西班牙带去繁荣，反而让其平民愈发穷困，不事生产者愈来愈多，商品在国际市场上也丧失了竞争力。西班牙问题令所有发达的欧洲国家警觉，就如同罗马衰亡留给欧洲千年的反思。西班牙的思想家为了摆脱困境，英法的思想家为了避免走上西班牙的老路，重商主义由西班牙的失败应运而生。重商主义作家时常通过国家间的对比（尤其是和西班牙的对比）来揭示经济运作的规律和国家的富强之道。③

西班牙出现了众多分析家，他们并非如同传说中那样秉持着享乐主义和重金主义，反而更加关心投入生产经营的资本数量。他们将恶性循环、货币通胀、经济停滞、运营破产等现象与权贵集团的特殊利益和国家层面的胡作非为联系在一起，巨额黄金的到来使得

---

① 莱昂内尔·罗宾斯：《经济思想史：伦敦经济学院讲演录》，杨玉生译，北京：中国人民大学出版社，2008年，第66页。
② 由此可以理解波兰尼对变化速度的关注，波兰尼将因变化过快导致的衰败称为"西班牙式的命运"，参考卡尔·波兰尼：《巨变：当代政治与经济的起源》，黄树民译，北京：社会科学文献出版社，2017年，第65—66页。
③ 拉尔斯·马格努松：《重商主义经济学》，王根蓓、陈雷译，上海：上海财经大学出版社，2001年，第26页。

西班牙的结构性矛盾和制度性腐败数倍扩张：如果放任黄金的流入，本土的产品会因为成本的飙升而在国际市场上失去竞争力，生产将趋于停滞，而经济会迅速崩盘；如果王朝介入经济管理，各种权贵集团利用其特殊地位谋取私利，根本无助于从生产层面解决问题。似乎西班牙的绝对主义制度已经达到了帕累托最优，如果不进行制度上的改革，不触及权贵集团的利益，则没有改进的空间。[①] 这种将"经济"视为一种不同于政治运作的领域的分析方法与百年后重农学派的理论路径十分类似。不过西班牙民间思想家的建议从未被认真对待，他们所设想的改革规划也从未被落实。后来的经济思想史研究者时常会把官方政策和民间理论混为一谈，真正的重商主义思想被淹没在民间，而王室所实施的短视的、唯利是图的政策却被冠以重商主义的名字。

由于西班牙起到了缓冲作用，英法所面临的并非黄金迅速涌入所带来的政经难题。与西班牙分析家的空想不同，重商主义在英法得到了具体的实践。英法的重商主义首先是作为打破国内贸易壁垒的手段，在卡尔·波兰尼看来，重商主义时代的特征为"管制和市场是同时成长的"，依靠政治力量，诸多现代国家创造了统一的国内市场，而仅凭自由贸易自身的力量，市场可能永远也无法扩张为主导性的经济秩序。[②] 波兰尼的看法显然是受到德国历史学派的巨大影响，古斯塔夫·冯·施莫勒与伊莱·菲利普·赫克歇尔明确地将重商主义视为一种涉及由中世纪制度转变到民族国家制度——地方经济政策迈向国家经济政策——的思想体系。[③]

[①] 姚洋：《制度与效率：与诺斯对话》，成都：四川人民出版社，2002年，第51—76页。
[②] 卡尔·波兰尼：《巨变：当代政治与经济的起源》，黄树民译，北京：社会科学文献出版社，2017年，第123页。
[③] 波兰尼在描述重商主义时主要的参考文献出自德国历史学派，例如施莫勒、卡尔·布歇尔（Karl Bücher）、卡尔·布林克曼（Carl Brinkmann）。

虽然部分构思得到了实践，但重商主义的许多措施也根本无法在绝对主义国家的框架里实现，虽说相较于封建国家，新兴的绝对主义国家（Absolutist State）在税收方面有了很大的进步，但其国家能力的增长一直受到重重结构性阻碍。黎塞留指出，没有可靠的财政基础，法兰西国王就绝不可能完全战胜地方精英的势力。① 但法国的税收能力一直到大革命前都十分堪忧，现代的税制一直没有建立（唯一比较积极的财政改革由柯尔培尔主导，并由此创造了路易十四时期的繁荣），财政告急的时候政府多是采用短期性行为巧取豪夺，甚至两次宣告破产来摆脱债务。②

柯尔培尔改革虽然为制造业带来了短期利益，但因为绝对主义国家的制度性原因，每一场强人改革或政府的善意行为，都蕴含着致命的危险，因为强人或许可以暂时确保其所设立的制度按照既定规则运行，一旦强人下台，带有改革性质的制度一夜间就会成为权力集团徇私舞弊的工具，滋生出侵蚀国家根基的腐败。正如同重商主义语境下政府所有的有为治理一样，不一定能给社会带来短期的利益，但一定给社会带来无穷的灾害。在指定的制度框架下，任何的改革都是有限度的，希望在一个框架下进行无限改革是不切实际的。总有一种类型的改革，是指定制度下无力进行和承载的。对照中国的历史情境，王安石改革的失败便是类似的例子。

我们如今难以设想，如果不是路易十四的穷兵黩武，柯尔培尔主义会否长时段内保持良好的效用，但历史事实是柯尔培尔所充盈的国库被路易十四挥霍一空，短时间内的商业繁荣以农业的永久破坏为代价，由此衍生出重商主义的批评者——重农学派。正如马克

---

① 詹姆斯·柯林斯：《君主专制政体下的财政极限：以17世纪上半叶法国的直接税制为例》，沈国华译，上海：上海财经大学出版社，2016年，第202页。
② 詹姆斯·柯林斯：《君主专制政体下的财政极限：以17世纪上半叶法国的直接税制为例》，沈国华译，上海：上海财经大学出版社，2016年，第203页。

思所言，"重农主义的产生，既同反对柯尔培尔主义有关系，又特别是同罗氏制度的破产有关系"①。

令人惊异的是，重农学派在广泛的、原本是一体的经验世界中抽出了人类的某些行为和某些装置，并将其重新放到一个新的领域组装起来，并冠以"经济"的名义，经济不再是各式各样零散的具体政策的设计和运作，经济被作为一个整体来研究，这一点其实在重商主义思想家那里就有了苗头，②但重农学派将这一点直白而准确地描述了出来，并作为分析经济的核心模式。在魁奈的眼中，经济领域的循环如同血液的循环一样，有其自我调节、均衡运转的规律。这可能和魁奈等人将分析重心放在农业有关，毕竟最不受市场干扰、最容易发现自然秩序的生产部门就是农业。在一定程度上来说，重农学派是自由放任政策真正的拥护者，远比亚当·斯密那些苏格兰启蒙运动学者纯正而笃定。

在重农主义的历史语境下，最好的改革就是扫除重商主义陈规的改革。政治权力需要承担起自己的历史使命，即以"法律专政"（legal despotism）清理阻碍商业社会自发运行的封建主义残余势力，并调整税制（免除商人的税收，转而向土地所有者收税）。③从长远来看，政府在经济领域似乎起不到任何积极性的作用，也不试图用权力来促进社会的发展，更谈不上"对引导的引导"（conduct of conduct）。

---

① 后者指的是苏格兰金融家约翰·劳所造成的密西西比泡沫。参考马克思：《剩余价值理论》，中共中央马克思恩格斯列宁斯大林著作编译局：《资本论》第四卷第一册，北京：人民出版社，1975年，第35页。
② 例如托马斯·孟的名言："因为我们倘使只看到农夫在下种时候的行为，只看到他将许多很好的谷粒抛在地上，我们就会说他是一个疯子而不是一个农夫了。但是当我们按照他的收获，也就是他的努力的最终结果，来估值他的劳动的时候，我们就会知道他的行动的价值极其丰富的收获了。"可参考托马斯·孟：《英国得自对外贸易的财富》，袁南宇译，北京：商务印书馆，1981年，第19页。
③ 正是拿破仑实现了重农学派的理论目标，这也符合托克维尔在《旧制度与大革命》中的论述。

与重商主义时代政府对于人口匮乏的焦虑（主要是因为黑死病和百年战争造成了人口的断崖式下跌）相比，重农学派几乎不考虑这个问题，他们主要考虑的是人口的上升趋势，人口爆炸在重农学派那里也不是问题，因为只要"不违农时，谷不可胜食也"。[①] 权力与发展被拆解开来，仿佛万物运行的自然法则在一块石板上就可以写尽，发展的奥妙尽在其中，权力在如此尴尬的境地下显得可憎可疑，政府机构仿佛只是作为自然历史中留存下来的珍贵文物才没有被重农学派立志推翻。有一段对话说明了重农主义对权力的态度：叶卡捷琳娜大帝问重农学派代表人物里维埃，为了国家的繁荣和幸福，自己应当做些什么？里维埃回答说，你简单地遵从自然法则。当她要求里维埃做进一步精确化阐述的时候，里维埃闪烁其词。

重农学派和多数启蒙学者认为，政府对经济的干预最终会如同密西西比泡沫一样，造成经济的紊乱和经营的破产。至于为何认定政府干预会造成恶果，这种判断来自当时的政治观念。同时期对于政治运作的理解是法国启蒙思想的核心组成部分，原先在英国发挥着相对保守作用的自然法和社会契约概念一在法兰西登陆就激进化了。政治思想家们并非从具体部门的官员行为来分析政治的运作，这很可能是因为法国中央王权体制将市民阶层和贵族完全地排除在统治权之外，大部分人并不明白政治是如何运行的，[②] 他们对于政治的认知很大程度上来源于有关国王和教宗的皇室绯闻和情色小说[③]。

在此观念上，重农主义的实权派人物杜尔阁在出任法兰西财政大臣之后，实行了一系列财政改革，取消了诸多历史遗留的干预措

---

① 奥威毕克：《人口理论史》，彭松建、贾藻译，上海：商务印书馆，1988年，第32—39页。
② 参考亚历克西·德·托克维尔：《旧制度与大革命》，李焰明译，南京：译林出版社，2014年。
③ 参考达恩顿：《法国大革命前的畅销禁书》，郑国强译，上海：华东师范大学出版社，2012年。

施,恢复了农业生产秩序,充盈了国库,并着手废除阻碍贸易发展的行会制度,然而时运不济,杜尔阁在上任两年后碰上了自然灾害,粮食歉收,反对杜尔阁的既得利益集团趁机发难(这种反弹也与杜尔阁改革触动他们的利益有关,杜尔阁不但没有增加宫廷显贵的收入,还要向他们征税)①,迫使杜尔阁下台。同一年《国富论》问世,标志着重农学派的全盛时期已然落幕,古典政治经济学将取而代之。杜尔阁下台十余年后,法国大革命爆发。②

除去专注于内斗、顾不上发展的革命时期,我们聚焦于拿破仑的统治。拿破仑政府兼具了上文所提到的重商主义的诉求和重农学派的愿望,一方面通过对外战争横扫了法国乃至整个欧洲大陆的封建势力(在黑格尔看来,这是他最主要的功绩),另一方面,通过民法典,将原先那些暗流涌动、时而显现在政治舞台的进步观念制度化为明文条款,摇身一变成为被官方权势者所认可并拥护的合法权利,换句话说,就是《人权宣言》被落实在法律的层面。《拿破仑法典》以权利为出发点,保证了所有权绝对和契约自由,彻底剔除封建的财产制度和权利,国家在法律层面上做出承诺,绝不干涉并保护私人的权利,由此真正的"解放了人"。

行文至此,让我们来总结一下:重农主义并不符合福柯所制定的治理术的标准。如果我们将治理术的内涵界定为学者从混沌的经验世界划分出一个独立运转的、不应被干扰的经济领域,那么将其诞生的时间点归置于重农学派的出现是不合适的,因为远早于重农学派的西班牙重商主义者就已经有了这样的观点。况且,思想只有被落实为制度才能真正地、持久地发挥作用,一个观念的诞生一直

---

① 季陶达:《重农主义》,北京:商务印书馆,1963年,第102—103页。
② 洪特提到亚当·斯密没有面对与重农学派的激烈争论,因为他的权威鹊起之日正是重农学派式微之时。参考伊斯特凡·洪特:《贸易的猜忌:历史视角下的国际竞争与民族国家》,霍伟岸、迟洪涛、徐至德译,南京:译林出版社,2017年,第95页。

到被付诸实践，中间相隔着无数的历史变迁、争辩、鲜血、试错和最终的失败，认为治理术只是一套观念无疑是不准确的。如果以一种"知识实践论"的视角（即将治理术视为根据某一套知识而发挥促进社会力量的功效并有限度的治理）来看，我们可以画出一个表格，根据这个表格我们就可以判断出来，重农学派并非福柯定义之下的治理术开端，我们需要在之后的历史中寻找：

表1 治理术的类型与依据

	政府有无治理的理由	政府是否根据知识实施有限治理
治理术的理想类型	有	是
重商主义	有，出于国际竞争、出于扩大税收、出于统一国内市场、出于扫除封建势力、出于建立真正的中央王朝、出于保证人口的增长	否，政府没有相关的知识，只做一些最简单的措施或根据想当然的结果加以干预；利益集团为了自己的利益而不是人口的福利而干涉市场
重农学派	无，经济的自然法则决定了市场将会均衡运行，国家不需要加以干涉	是，奉行自由放任政策，剪除重商主义的遗产

在经济学思想史上，毫无疑问，亚当·斯密、大卫·休谟、李嘉图等古典政治经济学继重农学派之后对经济学的发展产生了决定性的影响，但实际上亚当·斯密的著作乃至整个苏格兰启蒙运动至少是在其去世（1790年）三四十年后才逐渐在英国产生直接的政策性影响力，所以我们暂且按下不表。

三、自然观念的转变

自拿破仑战败以来，欧陆各国政府（不管是王朝政府还是立宪政府）都感受到来自民法典的压力，均或主动或被动地在维持原有政治地位的情况下采取了部分经济自由主义政策和启蒙政策（如创办传授本民族语言的学校），这原本是皇室的无奈之举，但很快他们就发现这一策略对于自己而言实在是益处颇多：一方面可以笼络一批自由派专家和知识分子，将他们吸纳进自己的政府；另一方面自己的家族也可以依靠保留下来的政治特权在这种全国市场乃至全球市场中赚得盆满钵满。面对独裁的改革家，自由主义知识分子是否合作？这一问题基本上贯穿了19世纪的欧陆各国，无论是复辟的波旁王朝，还是基佐主政的奥尔良王朝，抑或是拿破仑三世的独裁王朝，这一问题都挥之不去。[①] 在欧陆的多数知识分子看来，即使在言论自由、政治权利方面没能达到大革命的预期，但经济自由相较于18个世纪来说确实也算是有所进步（法兰西第二帝国恢复了社会秩序，并且在银行业和工业领域创造了经济奇迹），在物质层面也确实比曾经的波旁王朝富裕了很多（这其中包括了很多原因，例如拿破仑战争结束后的长期和平、自由贸易和贫富分化）。一些温和的法国资产阶级选择了与专权合作，例如基佐、梯也尔等人，当他们也享有部分权力的时候，便为权贵家庭的生意经营开了许多绿灯。在许多不妥协的自由知识分子——例如马克思——看来，这些妥协了的自由派充当了真正权力即金钱的代言人，而这样的政府，例如七月王朝"不过是剥削法国国民财富的股份公司罢了"[②]。这些资产阶级的实权派人物在主导经济自由改革方面一马当先，在想要推动政治改革方面却举步维艰，奥利维耶总理就曾一次次央求拿破仑三世解禁媒体，每一次都被"时机未成熟"的理由拒绝。[③] 就在法国这种政治

[①] 埃德蒙·福赛特：《自由主义传》，杨涛斌译，北京：北京大学出版社，2017年，第132—133页。

[②] 参考马克思：《法兰西内战》，北京：人民文学出版社，1964年。

[③] 参考米歇尔·维诺克：《自由的声音：大革命后的法国知识分子》，吕一民译，上海：文汇出版社，2019年。

改革遥遥无期、经济改革与日俱新的情况下诸多自由派知识分子如同韦伯所描述的德国市民一样，每天汲汲营营于市场中的蝇头小利，对政治态势和国际局势毫不敏感，没有任何的判断能力和责任担当。[1]在欧陆诸国，无论是治理理念还是治理技术都陷入了停滞，这一局面的根本性改变需要等到波拿巴政府倒台和魏玛德国诞生之后，因此我们将重心转移到19世纪30年代以后的英国。

与重商主义者和重农主义者中均有一些兼具思想家和实权派两种身份的标志性人物——例如黎塞留和杜尔阁——不同，古典政治经济学并没有一位思想家能直接主导一场自上而下的改革。想要追溯他们的历史影响并不容易，他们的改革发生在学院的课堂上、市民的头脑中，我们只能根据历史资料发现这一时期多位英国首相声称自己是斯密、休谟的信徒，例如约翰·罗素，他曾经在苏格兰启蒙运动的圣殿——爱丁堡大学读书，听取杜格尔德·斯图尔特的教诲。无疑，斯密主张的经济自由主义在1830年以后成了主流，这在任何真正关注自由主义实践史，而非自由主义思想史的著作中都能看到。[2]

成为主流的自由主义话语也存在着裂痕和缝隙，这是因为其包括两种关怀不同甚至难以共融的思想。一种是来自亚当·斯密政治经济学的自由市场理念，另一种则来自杰里米·边沁功利主义的公共利益观念。前者认为管得最少的政府就是最好的政府（当然，政府需要承担起守夜人的职责），而后者则认为政府在社会改良的过程中需要积极干涉和控制。[3]虽然后来者们都试图将这两股思潮合流，但这

---

[1] 参考马克斯·韦伯：《民族国家与经济政策》，甘阳译，香港：牛津大学出版社，1997年，第102—104页。
[2] 如上文提到的波兰尼的《巨变》、福赛特的《自由主义传》。
[3] 哈耶克认为这种分歧实际上是以苏格兰启蒙为代表的英国自由理论和以孔多塞为代表的法国自由理论的分歧。他强调英国自由理论之所以隐而不彰，很大程度上来源于边沁对原有的英国自由理论的破坏。参考哈耶克所著的《自由秩序原理》第四章《自由、理性和传统》。

些尝试反而让裂缝愈来愈引人注目,甚至间接地导致了古典政治经济学的崩塌和新重商主义的兴起。

其中,边沁根据功利主义法则对自然法的清算是具有决定性的、继往开来的大事件,这一点对于多数认定启蒙运动直接缔造了当今世界的政治哲学家来说是陌生的。自然法观念在当今中国乃至西方的法学界基本上已没有了影响,[①] 而在政治哲学领域,一些著名学者却仍在研究自然法和社会契约,[②] 功利主义则被视为一个难登大雅之堂的东西,这或许是从现实角度印证边沁对法学界的影响的证据。

边沁认为无论法律根植于先验的道德或权利还是逻辑的统一性中都难以对现实生活产生真实的、有效的回应,无论是道德论法学还是教条论法学都根植于形而上学,根据休谟以来的看法,脱离经验的认知都应予以坚决地破除(包括洛克在《政府论》里面关于天赋人权的言说)。边沁仔细地考察了当时英国的普通法,他发现无论是法庭营造的严肃氛围、法律程序的冗长复杂还是法条术语的晦涩难懂,都是一种对法律的"神秘化",或者按照边沁的原话来说,是"给法律戴上面罩",这当然并非完全是权贵阶层设计的诡计,但却完全有利于他们。这无疑都是效率低下的,并蕴含着许多错误观念。但接受学徒制教育成长起来的法学家,居然认为当时法律拥有的荒唐和不公正是自然的和命定的,他们不思改变,并阻碍那些试图改变现状之人。

边沁呼唤一场可媲美宗教改革的法律改革运动到来(这场运动实际上在边沁去世十年后才出现,但影响极为深远,包含多个运动,例如1843年、1851年、1898年的证据立法改革),这场运动需要达

---

① 发索(Guido Fassò)认为"自然法,在短暂地被尊崇为法典的实质后,很快为人遗忘和挫败",转引自约翰·莫里斯·凯利:《西方法律思想简史》,王笑红译,北京:法律出版社,2010年,第299页。

② 如李猛所著的《自然社会》、吴增定所著的《利维坦的道德困境》。

成"去神秘化"的目的。① 为了撼动受传统职业教育的法学家和市民，边沁针对传统的自然法学说另创了一套自然观，具体说来，这套自然不是由彼此和谐、运行均衡的先验信条构成，而是来自人类制度的演化史，因此我们需要的是常识。在废除掉那些理性的假设、深入人的日常生活后，边沁认为他找到了一条新的衡量标准，就是人的主观效用。法律的判决要考虑人民的实际效用，要考虑幸福是否最大化。② 这背后包括了一种将人的主观感受数学化（或者称之为量化）的思想，边沁的道德算术（如同威廉·配第的《政治算术》）追求如同数学的精确、明晰和不可辩驳性，这为之后的效用学派和边际革命奠定了基石。③ 按照卡拉布雷西的看法，边沁开启了一种"法的经济分析"路径。④ 至于边沁将法律数学化利弊孰轻孰重，我们在此不加以评论。⑤

我想强调的是，边沁影响社会思想的关键就在于他动摇了传统自然法设立的铁律，边沁不满意于"自然权利根本不容许变通"⑥，他将自然权利转变成了人的主观效用，并认为为了社会的幸福最大化，政府也并非完全不可予夺个人神圣的权利。这一点极为重要，我认为是福柯所说的治理术出现的第一前提。

---

① 最为详细的叙述可参考埃利·哈列维的《哲学激进主义的兴起：从苏格兰启蒙运动到功利主义》。
② 参考哈特：《边沁法学文库：哈特论边沁——法理学与政治理论研究》，湛洪果译，北京：法律出版社，2015年，第83—110页。
③ R.D.C.布莱克、A.W.科兹、克劳弗德·D.W.古德温：《经济学的边际革命：说明和评价》，于树生译，北京：商务印书馆，2016年，第18—71页。
④ 参考圭多·卡拉布雷西：《法和经济学的未来》，郑戈译，北京：中国政法大学出版社，2019年。
⑤ 自然法的坍塌也使得法律不可能再有一个充满尊严的形而上学基础，韦伯认为："如今赤裸裸地展现在我们面前的是，大多数的法律规定而且原则上是其中特别重要的诸多规定，要不是利害妥协的产物，就是利害妥协的技术手段。"参考韦伯：《韦伯作品集Ⅸ：法律社会学》，康乐、简惠美译，桂林：广西师范大学出版社，2005年，第312—313页。
⑥ 波斯特玛：《边沁与普通法传统》，徐同远译，北京：法律出版社，2014年，第163页。

四、治理术的工具：法律和边际

因为相比于重农时代和斯密时代，被假定为独立的、神圣的私人权利在经验中一次次证明了不同个体的权利时常龃龉。这种神圣利益之间的冲突在贸易垄断（反托拉斯法）、铁路修建（李斯特为建立德国国家铁路系统奔走呼号）、资源利用（反对土地资源的限制）、环境污染（庇古对外部性的讨论）等多个领域都展露出来了。

如果我们对比1804年颁布的《拿破仑法典》和1900年颁布的《德国民法典》就可以清楚地看到，前者注重的是宣布哪些权利是被法律认可并保护的，而后者则添加了许多涉及权利发生矛盾如何处理的事情。原本属于私法领域的合同签订、公司合并、企业生产等问题愈来愈多地被纳入经济法，这直接僭越了"私法自治"的原则，私法也带有越来越多公法的性质，二者的界限趋于模糊。也就是说，在启蒙时期的余波里，私法被划为一个一般而言不容国家干涉的领域；在功利主义思潮以后，私法自治原则受到越来越多的限制，国家的干预也越来越多。①

适合于国家部门进行合理干涉的工具也在此时应运而生。在19世纪下半叶，为了应对古典政治经济学的崩溃和信奉马克思主义经济学的工会组织的崛起，英国、奥地利、法国均出现了边际革命，边际革命基于休谟和边沁的效用理论，完成了对经济学的数学化。通过对边际效益和边际成本变化趋势的考察，边际学派真正从操作化的角度提出了"适度行为"的概念，其临界点就在于边际成本等于边际收益的时刻。需要注意的是，最初一些奉行边际主义的学者们政治上保守，他们通过数理模型所推导出的结论也支持自由贸易、反对工会。然而，财政学、行政学研究者都第一时间将边际主义引

---

① 谢怀栻：《外国民商法精要》，北京：法律出版社，2002年，第52—53页。

入对政府行为的思考中，要不要实行管制、要不要大兴土木、要不要提供福利，这些问题如今都可以操作化、计量化地进行讨论了。在一定程度上，可以说边际主义工具被运用到理性化国家的干预行为、界定国家的干预限度完全是边际主义之父的非预期后果。其非预期性主要是来源于两个方面：一方面是，现代经济学经过边际革命终于成为一门运用数学工具的科学，而科学不因研究者的立场而缩减其适用范围[1]；另一方面是功利主义不单关注个人的自由和生产的效率，其也关注分配的公平和社会福利（即每个社会成员的主观效用），这种人文关怀推动了"福利经济学"的诞生。

最后需要提到的是，如果按照法国启蒙时代的政治意识，权利的纠纷岂不是最好由个体之间来协调，政府权力最好不要插手吗？时过境迁，启蒙时代的政治意识也已更新迭代，这一过程中最重要的是德国意识和民族主义的兴起。

与英法的启蒙运动不同，自腓特烈二世实行开明专制以来，德国的启蒙运动蕴含着一种对国家的崇拜。国家原本在其他的启蒙语境中是一个比较负面的词汇，唯有在德国，国家被知识分子视为重要的罗马柱。[2]在他们的眼里，"德国自上而下的改革以较小的代价做成了法国自下而上的革命所成就的事情"[3]。尤其是在拿破仑入侵以后，深受震撼的黑格尔将国家放在了整个19世纪德国政治哲学和法律哲学的中心位置，他深深地崇拜不需要证明合法性的、碾压一切

---

[1] 边际主义强调其理论的"政治中立"，主要创始人的政治立场也有很大差异：瓦尔拉斯关心社会、同情工会；马歇尔则强调市场和大公司。参考埃德蒙·福赛特：《自由主义传》，杨涛斌译，北京：北京大学出版社，2017年，第216页。

[2] 参考乔治·萨拜因、托马斯·索尔森：《政治学说史：民族国家》（上）第4版，邓正来译，上海：上海人民出版社，2015年，第450—455页。然而，威廉·洪堡可能是个例外，他在学术开明的哥廷根大学接受教育，与贡斯当是好友，与施泰因和哈登贝格是校友和内阁同事，他的观点可见于《论国家的作用》一书。哈耶克认为最伟大的自由主义者往往同时也是语言学家，并以洪堡为例。

[3] 列斐伏尔语，转引自徐贲：《与时俱进的启蒙》，上海：上海三联书店，2020年，序言。

的武力。很明显，他们头脑中国家的概念实际上是对权力的理想化，这正与法国思想家将权力污名化完全相反。1806年耶拿—奥尔斯塔特战役以后，施泰因和哈登贝格的改革将普鲁士改造成了现代国家，完成了"从腓特烈个人独裁到真正开明专制的转变"。① 黑格尔虽然未能参与政治实践，但是他的哲学影响了之后所有的德国市民和哲学家，这种对国家权力的渴望一直被现实所打击、在一代又一代的睿智头脑中层层积攒，直至在第一次世界大战和第三帝国中彻底癫狂地抒发出来。

除了作为一种哲学内涵，随着德国历史学派的兴起——从根本上来说历史学派就是后发国家的经济意识——国家也被视为一种实在的物质力量。这种实在的物质力量一方面可以在国际贸易中保护本国落后的生产行业（在李斯特看来，德国落后的生产力根本无法与英国竞争）；另一方面通过有效率地动员社会力量来完成国际竞争的"弯道超车"，铁路时代的来临也呼唤着有一种强大的资本力量和组织力量。② 这种思想深刻影响了所有想成为世界大国的后发国家，在中国也有学者呼吁建立新李斯特经济学。③ 在带有"新重商主义"风格的政治家的推动下，后发国家均树立起贸易壁垒（包括受汉密尔顿影响的美国），④ 自由主义国家也纷纷开始转为保守，"一战"后连英国也实行了帝国特惠制，而这种新重商主义取得学术界的承

---

① 参考弗朗西斯·福山：《政治秩序与政治衰败：从工业革命到民主全球化》，毛俊杰译，桂林：广西师范大学出版社，2015年，第61—63页。
② 弗里德里希·李斯特：《政治经济学的国民体系》，陈万煦译，北京：商务印书馆，1983年，第106—170页。
③ 例如贾根良等：《新李斯特经济学在中国》，北京：中国人民大学出版社，2015年。值得注意的是，正是贾根良提出"国内大循环"概念。
④ 可参考迈克尔·赫德森：《保护主义：1815—1914美国经济崛起的秘诀》，贾根良译，北京：中国人民大学出版社，2010年。建国初期的美国可以说是实行保护主义政策的成功典范。实际上，弗里德里希·李斯特正是在考察美国的过程中深受美国国父之一亚历山大·汉密尔顿的影响，才从自由贸易的信徒转变为保护主义的拥趸。

认和全世界的模仿则来自凯恩斯的《通论》。苏格兰启蒙运动中那些希冀通过贸易使人文明，通过商业使世界和平的理想霎时灰飞烟灭，后来的故事大家都知道了，接踵而至的是民族仇恨和世界大战。至此，一种崭新的、体系化的、可操作的治理术才真正诞生。

五、结论

据此我们也可以回答托马斯·比布里彻（Thomas Biebricher）提出的问题，治理术研究是否只能是一种目的论的历史研究？我认为不是的，每一种介入都出自不同的理由，每一种理由背后都牵连人类观念与政经形势的变迁；每一种介入都运用不同的工具，每一种工具背后都有着偶然的、耦合的因素。我们很难在历史背景不同的前提下比较重商主义政策与自由主义政策哪一个更能作为政府良好治理的方式，我们也难以判断当今的治理术是否能够在重商主义时代运转，我们只能具体地谈论在18世纪的英法最合适的治理方式是什么。

重商主义时代各国政府均有着理直气壮的动机来横加治理，但是因为政治的结构性腐败和线性思维方式的原因，治理没有限度、无限扩张，在规划上也很短视，我们即使不谈论他们秉持的价值我们是否认同，单从工具理性的角度来讲，他们没有合适的方法来完成他们渴望的目标。重农学派通过将经济视为自然运转的而限制了人为的干预，但政府仿佛失去了治理和存在的根据，因此在重农学派的成员被路易十四或叶卡捷琳娜大帝询问治理之道时，除了"顺应自然"，没有更多的话可以说。重商主义或重农主义并不因为没有同时兼具治理理由和治理限度而被视为失败的治理方式，无法兼具二者不是失败的标志，而是时代特征的标志。

边疆民族村落独居老人生活世界分析
——以 J 省 Y 村为例

作　　者：李会泽
　　　　　云南大学民族学与社会学学院
　　　　　2019 级社会学
指导教师：袁　娥

一、引言

养老是一个涵盖经济奉养、生活照料和精神陪伴的系统工程，是关涉国家现代化建设的重要民生问题。持续进行的全国调查表明，我国 60 岁以上的老龄人口占总人口的 18.7%，相较于第六次人口普查数据提升了 5.44%。[1] 与此同时，农村老龄人口也随之增加，60 岁及以上的人口占农村总人口的比重为 23.8%，比城镇高出 8%。既有研究显示，我国的农村人口老龄化将在 2021—2035 年间进入高速发展阶段，预计到 2035 年，农村 60 岁及以上人口占农村总人口的比重将会超过 30%。[2] 在农村养老日益严峻的社会趋势下，谁来养老、在哪里养老、如何养老等都面临重大转变。

社会学界的代表性观点认为，区别于西方代间互惠均衡的"接力型"模式，中国社会解决抚幼养老和世代继替问题采取的是代内均衡模式，即"抚育—赡养"的反馈模式。[3] 在中国文化的大传统中，"传宗接代""养儿防老"等传统功能性观念构成父代婚育的内在动力，而"随侍在侧""奉养双亲"等经典孝道语录则要求子代在反哺时兼顾父母物质和精神层面的需求。[4] 中国传统孝道观念与伦理规范长期为传统家庭养老模式辩护，家庭养老也因而获得其合法地位。[5] 随着现代化进程加快，在人口结构转变、生育政策推行、婚育观念

---

[1] 高鸣：《中国农村人口老龄化：关键影响、应对策略和政策构建》，《南京农业大学学报（社会科学版）》2022 年第 22 卷第 4 期，第 8—21 页。

[2] 高鸣：《中国农村人口老龄化：关键影响、应对策略和政策构建》，《南京农业大学学报（社会科学版）》2022 年第 22 卷第 4 期，第 8—21 页。

[3] 费孝通：《家庭结构变动中的老年赡养问题——再论中国家庭结构的变动》，《北京大学学报（哲学社会科学版）》1983 年第 3 期，第 7—16 页。

[4] 刘汶蓉：《活在心上——转型期的家庭代际关系与孝道实践》，上海：上海人民出版社，2014 年，第 71 页。

[5] 王跃生：《当代中国家庭结构变动分析》，《中国社会科学》2006 年第 1 期，第 96—108、207 页。

变迁、农村年轻劳动力外流等结构性因素的重塑下，家庭养老的合法权威和功能在逐渐削弱，如何在新的社会支持体系下挖掘适宜的养老方式也成为亟待回应的问题。

长期以来，我国传统养老模式勾勒了一条政府和家庭主动供给、老年群体被动接受的单向赡养路径，传统社会文化也常将老年人塑造为衰弱、迟钝、糊涂、老而无用的消极形象，狭隘地放大其依附性。[①] 尤其独居老人作为普遍认知中的弱势群体，一般都有孤独无助、低价值感、缺乏自理能力等印象。身处边疆民族地区的独居老人作为客观定义中的双重弱势身份群体，更是处在浓重的暗影中。党的二十大报告强调以人为核心的现代化，人的主体性体验是这场轰轰烈烈的现代化进程中最不应忽视的所在。基于此，本文聚焦边疆民族村落独居老人的生活世界，结合2021年1月的线上云调研、2023年2月的实地参与式观察和深度访谈，挖掘Y村朝鲜族独居老人别样的生命体验和主体表达，或为揭开暗影发现其自身能动性的一种努力。

二、文献回顾

学界有关"独居老人"的界定尚未明晰，但具有以下3种共同特征：年龄在60岁以上；子女或亲属不在身边细致照料；单独或与配偶共同居住。该特征也与笔者关涉的研究对象不谋而合。因此，本文将"独居老人"界定为60岁以上长期独自一人生活的老人。本文将朝鲜族独居老人作为研究对象，重点关注其民族文化形塑下的主体表达和生命体验等。那么，朝鲜族独居老人相对于普通老人最为显著的特点是什么？农村养老目前的发力点在哪？聚焦生活世界

---

① Rubinstein, Robert L., and Janet Capriotti Kilbride. *Elders living alone: Fraility and the perception of choice*. Transaction Publishers, 1992.

对探讨老龄化议题有何价值？本文通过对农村养老、独居老人和生活世界的相关研究进行一个梳理，以此整体性呈现本文的研究主题。

（一）农村养老：基于养老文化的养老方式

现实国情表明，我国农村已迈入老龄化社会且程度愈益严峻，农村养老问题备受关注。养老文化是社会对老年群体之经济供养和生活照料所持的价值态度、伦理观念和制度安排，是社会各年龄群体在养老方面的行为规范和观念共识。[①] 在"家本位文化"的主导下，中国的养老文化以"责任伦理"为核心，家族绵延在中国人的心目中是难以撼动的"情结"。与"家本位文化"主导下以"牺牲自己，多为后人与家庭出份力"的集体主义精神不同，朝鲜族独居老人专注个人生活世界，并没有把儿女的成家立业看作是自己人生任务的完成与生命过程的终结，而是对自己的余生作了崭新的安排，积极地"享受生活"。可见，我国养老文化呈现出一种多样化的姿态。回顾已有研究，有关农村养老的文化认知性研究主要涵盖孝道文化、地方性文化和少数民族传统文化三个方面。

第一，以孝道文化为关联点的农村养老关注传统孝道的功能、衰退及其治理。孝道文化本身具有文化向心力，能够有效形塑子代的赡养观念和行为方式，从而在一定程度上促进代际团结。[②] 然而随着宗法规训力量的瓦解和家族主义的解体，农村衍生出一种名为"公平交换"的养老秩序，即"得不偿失"的子代在赡养过程中要求以继承财产或父代提供劳动力作为交换筹码。[③] 孝道文化的理性化、世俗化趋

[①] 杨善华：《以"责任伦理"为核心的中国养老文化——基于文化与功能视角的一种解读》，《晋阳学刊》2015 年第 5 期，第 89—96 页。
[②] 韦宏耀、钟涨宝：《代际交换、孝道文化与结构制约：子女赡养行为的实证分析》，《南京农业大学学报（社会科学版）》2016 年第 1 期，第 144—166 页。
[③] 李国珍：《村庄家庭养老秩序的变迁研究——湖北某村李氏家族盛衰变迁为例》，《南方人口》2013 年第 6 期，第 26—34 页。

势正腐蚀无条件性、非功利性的养老心态，农村社会浮现出"无公德个人"和"伦理丧失"等现象。[1]有学者在此基础上提出"为孝立法"，主张通过国家力量的再度介入，实现传统与现代性在农村家庭的合作，让传统孝道在后传统社会重新焕发活力。[2]或将日渐式微的孝道观念由囿于家庭范围内的伦理规范上升至社会伦理层面，使其得以在养老中发挥最大功效。[3]

第二，从地方性文化视角，发现地方性文化作为一种文化基因，构建了与本地相适宜的养老模式，如以熟人社会、邻里相助为依托的互助养老模式，[4]政府、社会、宗族网络和家庭多位一体的立体式社会养老服务保障模式[5]以及由新乡绅主导的"居家养老+新乡绅治理农村养老"[6]的乡治模式等。同时，作为参与养老的关键性力量，地方性文化能有效链接包括民间信仰在内的各种社会资源和服务力量，推动民间信仰、地方习俗和传统权威等参与养老的社会协作网络和联结机制的形成。[7]然而，依托地方性文化进行养老也有一体两面，其薄弱的适应力和反应力使得共同体无法抵御自然灾害的侵袭，原有的互助

---

[1] 阎云翔：《私人生活的变革：一个中国村庄里的爱情、家庭与亲密关系1949—1999》，上海：上海书店出版社，2006年。
[2] 梅丽萍：《国家与家庭关系视野下的农村家庭养老问题》，《海南大学学报（人文社会科学版）》2016年第5期，第26—33页。
[3] 张坤、胡建：《农村养老视域中传统孝道文化的固本与开新》，《理论导刊》2015年第10期，第52—55页。
[4] 赵志强、王凤芝：《文化社会学视角下的农村互助养老模式》，《农业经济》2013年第10期，第24—26页。
[5] 王增文：《农村老年人口对养老服务供给主体的社会认同度研究——基于宗族网络与农村养老服务政策的比较》，《中国行政管理》2015年第10期，第124—128页。
[6] 吴敏启：《传统孝道视角下农村养老模式的创新研究——以浙江S村"孝心基金"为例》，《安徽农业科学》2014年第14期，第4530—4531、4533页。
[7] 张祝平：《当代乡村社会民间信仰的养老参与》，《武汉大学学报（人文科学版）》2017年第5期，第53—62页。

联结机制也常因个体家庭的"自身难保"而濒临瓦解。①

第三，从少数民族文化中挖掘可资利用的养老理念与养老实践。周浩玲以云南少数民族为例，剖析傣族、佤族等少数民族的传统养老文化观念，主张现代养老体系应嵌入少数民族传统养老文化的惯习和场域中。②刘辞涛等人从宗教观念入手，认为少数民族文化在赋能现代养老服务体系过程中有着制度、文化和实践方面的优势。③王芝兰对黎族农村养老文化进行了全面梳理，从宗教信仰、饮食倾向、婚嫁丧葬和人际交往等方面，指出现代化建设中对少数民族传统文化进行保护的迫切性。④陈旭等人探讨少数民族传统养老文化的现代传承，认为新疆哈萨克族文化中强调养儿防老、家庭养老等观念，有利于增加其国家认同。⑤学者李艳华在《少数民族转型社区老年文化福利发展研究——以昆明沙朗白族社区为例》一书中系统探讨白族老年文化福利的构成、功能与未来发展路径，指出少数民族传统文化资源对于抵御老年人社会生活风险和增强幸福感的重要意义。⑥

与上述研究不同，候蔺从积极老龄化视角，探讨养老体系中的主体易位和权责让渡问题，将老年群体定位为"社会财富"而非"社会负担"，并探讨积极养老在我国的可行性。⑦在此基础上，赵秀玲

---

① 张奇林、刘二鹏、周艺梦：《守望如何相助——中国家庭互助行为的影响因素分析》，《武汉大学学报（哲学社会科学版）》2018年第4期，第145—155页。
② 周浩玲：《嵌入与重构：现代养老体系与少数民族传统养老文化互动》，《云南民族大学学报（哲学社会科学版）》2020年第1期，第74—80页。
③ 刘辞涛、向运华：《少数民族宗教文化对现代养老服务体系的赋能与完善》，《民族学刊》2022年第9期，第83—89、161页。
④ 王芝兰：《海南黎族农村养老文化浅析》，《人民论坛》2015年第8期，第226—228页。
⑤ 陈旭、陈进：《新疆哈萨克族传统养老文化的现代传承和调适》，《西南民族大学学报（人文社科版）》2016年第7期，第31—34页。
⑥ 李艳华：《少数民族转型社区老年文化福利研究——以昆明沙朗白族社区为例》，北京：九州出版社，2018年。
⑦ 候蔺：《积极老龄化视角下我国积极养老的实践探索》，《老龄科学研究》2017年第12期，第18—30页。

概述了河北、山西、青岛、重庆、浙江等地的微型养老、互助养老、医—养—康—护养老等的成功经验，为我国农村的积极养老补充情境案例。[①]上述二位学者的研究关注到老年群体在养老模式中的主体地位，却并未深入过程性、动态性的生命历程中探究意义赋予的主体性内在经验和表达。

此外，有关独居老人的研究多以问题为导向，且观照角度较为同质化，大致可分为两类：一是从社会支持的实践角度，聚焦独居老人的现实困境；二是从独居老人的生活体验出发，分析独居老人的现实需求。前者涵盖自理能力、自我认同、精神慰藉、交往障碍等方面的问题，并主张从正式和非正式养老支持系统两个层面进行应对。后者聚焦独居老人的生活体验，认为孤独、抑郁、主观幸福感低、社会融入感差等是独居老人的普遍生存现状，最终也导向其现实困境，与前者殊途同归。在这一径路下，独居老人被视作漂浮于城市生活或乡村社会的表层，找不到主体位置以及认同路径的消极"待养"群体，其主体性和能动性处于被完全忽视的境地。

本文认为，独居老人现象既可看作在以夫妻关系为主轴的家庭核心化、小型化这一趋势下带来的必然结果，也可看作是民族文化形塑下个人主义生长的积极呈现。多数研究将独居老人视作社会结构转型的消极产物和缺乏个体能动性的个体，本文呼唤行动者的归来，将独居老人个体作为具有能动作用的研究主体进行分析，从少数民族养老文化入手，为该养老领域的现实研究增添新的视角。

（二）生活世界：养老的生活化转向

生活化转向是新时代制度设计的重要议题，预防生活者的主体

---

① 赵秀玲：《中国农村养老保障与乡村治理现代化》，《求是学刊》2021年第3期，第34—42页。

意识缺失是制度安排中的重要内容。20世纪30年代以来，随着现象学、符号互动论、常人方法学的崛起，社会学内部开始出现日常生活的转向，以舒茨、埃利亚斯、布迪厄、鲍德里亚、福柯、吉登斯等人为代表的社会理论家，更将日常生活作为重要的议题推上主流社会学的历史舞台。生活世界作为这一范式革命下的核心概念，对聚焦行动个体展开全景式研究有着标志性意义。

有关生活世界的研究大致可分为两个领域：一是理论性地探讨生活世界的概念、来源、框架及学理意义等，早期如就"生活世界"与胡塞尔、哈贝马斯、福柯、列维纳斯、梅洛-庞蒂等理论家展开辩论的本哈德·瓦尔登费尔斯，在其著作《生活世界之网》中将"生活世界"衔接至20世纪中期理论家们的思想共性上，捍卫其对生活世界的浪漫化构想。同时，以"生活世界"为观察视角，借用人物传记、传世文献等文本分析历史人物的精神境界、生活态度和人生理想等与社会情境之关系也成为这一领域的观照重点，如学者董平、侯旭东等对"单数的人"的分析等。二是经验性研究行动主体的生活世界，目前中国社会学界对老年人日常生活的关注相对不足，只能零星见到聚焦新生代农民工、疾病患者、性少数群体、儿童等研究主体，围绕社会融入和自我认同对其日常生活进行描述与呈现。虽然研究对象有所不同，但既有研究对弱势群体的观照及结论不约而同指向精神文化力量对现实困境具有积极消解功能这一点，也极大启示了笔者的相关思考。

鲜有的对老年人生活世界进行社会学式分析的研究见于学者李晶的《老年人的生活世界》一书。该书从宏观（人口老龄化特点、政府老龄工作机制、养老保障制度、福利服务现状）和微观（人际关系、重要事件及对此的情绪和感受）两个层面研究我国老龄化问题，指出健康危机和家庭冲突是老年人面临的主要苦难，而家庭作为主要生活场域，是老年人幸福感的主要来源。该书的观照对象和研究内容有效启示了本文的研究角度。但笔者认为，生活世界作为行动主体直接经验和内心体验的承载体，理应更加聚焦行动主体的能动性进行解读。

本文认为，独居老人现象既可看作在以夫妻关系为主轴的家庭核心化、小型化这一趋势下带来的必然结果，也可看作是民族文化形塑下个人主义生长的积极呈现。多数研究将独居老人视作社会结构转型的消极产物和缺乏个体能动性的个体，本文呼唤行动者的归来，将独居老人个体作为具有能动作用的研究主体进行分析，从少数民族养老文化入手，为该养老领域的现实研究增添新的视角。

（三）现象学社会学视角下的生活世界

"生活世界"是由德国哲学家叔本华和尼采激起并席卷20世纪初的生命哲学浪潮的部分，① 对这一概念的集中阐发初见于现象学家胡塞尔的晚年著作《欧洲科学的危机与超越论现象学》(以下简称《危机》)。通过考察近代科学的起源，胡塞尔指出欧洲科学的危机在于遗忘了作为意义存在的生活世界，人的生存价值和生活意义也随之为自然科学的霸权地位和实证主义的方法论所遮蔽。② 在其现象学视野下，生活世界就是现实的、由感性给予的、能被普通人直接体验到的日常生活世界，并突出主体间对话交流在情境中的关键地位。③ 据此，胡塞尔强调生活世界作为科学世界的根源和基础，更具优先性和奠基性，"……而科学世界是从生活世界中抽离出一部分被

---

① 本哈德·瓦尔登费尔斯：《生活世界之网》，谢利民译，北京：商务印书馆，2020年，Ⅵ。
② 胡塞尔：《胡塞尔选集》(下卷)，倪梁康译，上海：上海三联书店，1997年，第15—16页。
③ 茹婧：《村域空间转型与生活世界的流变——基于川东坝子社区的个案研究》，北京：人民出版社，2019年，第49页。

自己的生活""有忙就要帮""自己找点事干"等主体表达反映出独居老人在日常实践中的积极面貌和主动姿态。这种民族性格决定了他们能坦然面对生命的新陈代谢，并锚定自我的存在价值，而非漂浮于生命的无意义感，进而走出迷茫，扮演好生命历程中的不同角色。在此基础上，本文认为避免精神生活"失意"、社会关系"脱嵌"和社会生活"失序"是朝鲜族文化在养老实践中发挥的功能。透过此研究，本文试图强调：

（一）养老的生活化研究有助于挖掘主体优势

生活世界作为承载朝鲜族独居老人日常生活经验的载体，是文化进行交流、传承和演变的重要场所，而只有通过生活细节和切身体验，人们才能理解琐碎、重复、平淡的日常活动背后隐喻的意涵。在银发浪潮的冲击下，养老问题的解决一向强调理性化、系统化和逻辑化。然而，在养老问题切实解决的过程中，理性化实践不仅悬浮于社会治理过程，更悬浮于行动主体的日常生活。本文以现象学社会学为视角，关注行动主体微观生活世界中日常化、个体化、主观化的生活叙事，有助于挖掘老年群体本身的主体优势。朝鲜族独居老人另类的生活世界勾勒了一条以"自我"为核心的继续社会化路径，展现了一幅"朝鲜族独居老人在民族文化中建构自我，在自我建构中发展民族文化"的交织图景，为我国养老模式的探索提供了更多可能。

（二）利用民族优势文化有助于应对养老问题

朝鲜族文化作为朝鲜族独居老人长期赖以生存的文化情境，以风俗习惯、道德准则及宗教信仰等形式长期形塑着独居老人的日常行为和自我认知，将传统养老服务体系中的"被动消费者"转变为加以抽象化和客观化的世界,其意义和有效性以生活世界的意义和有效性为前提,最终仍要返至生活世界中并接受生活世界的检验"。①胡塞尔向生活世界回归的提倡,以关注人的主体意义和价值为内核,认为正是在"生活世界"这一真正的根基上,所有客观的对象物都在其原初的意义上向经验主体的回溯中给予自身。②但在《危机》中,"生活世界"常与"周围世界""生活周围世界"等作为同一概念使用,胡塞尔并未对其进行明确界定。③一定程度上,胡塞尔对"生活世界"和"主体间性"的观照,为科学的根基问题提供了深刻的哲学洞见,也标志着社会科学开始将理性的目光投射至现实生活。

"生活世界"的社会学化首见于奥地利社会学家阿尔费雷德·舒茨(Alfred Schultz)。舒茨以自身流亡的生命体验证实了胡塞尔对欧洲文明危机的预见,④并以将社会学建构为一门研究主观意义的科学为题,将现象学运动拓展至社会学领域,为社会学的理论演进拓展了崭新的研究路径。在舒茨的思路中,这一路径承袭马克斯·韦伯的理解社会学,批判性地接受了胡塞尔现象学哲学的意向性理论,主张对(日常)生活世界的基本事实进行社会学分析,以理解其中社会行动的主观意义和行动者之间的主体间性。以《社会世界的意义构造》(又译作《社会世界的现象学》)一书的出版为标志,舒茨开辟了当代社会学理论新方向——现象学社会学。

不同于胡塞尔,生活世界在舒茨的理论架构中是一个有意义的

---

① 茹婧:《村域空间转型与生活世界的流变——基于川东坝子社区的个案研究》,北京:人民出版社,2019年,第48页。
② 邹小华:《社会主义核心价值与生活世界的互构研究》,北京:中国社会科学出版社,2020年,第51—52页。
③ 王晓丽:《近十五年关于"生活世界"问题的研究》,《社会科学战线》2004年第5期,第219—223页。
④ 孙飞宇:《方法论与生活世界:舒茨主体间性理论再讨论》,《社会》2013年第33卷第1期,第38—74页。

文化世界。前者是用"常识"超验还原"生活世界",后者则用"常识"经验构建"生活世界"。因此,在舒茨的笔触中,"生活世界包括文化的、被认为理所当然的社会生活框架,行动者根据这种框架来理解并与他人发生相互作用"。① 天然的意义性以及与此并存的相互理解性构成这一世界的基本特征,但"意义"并不在经验本身里,相反,舒茨强调对经验本身的理解与反思。因此,"意义"和"意义探究"变成了现象学社会学的研究方式。遵循马克斯·韦伯视域中行动者赋予其社会行动一种主观意义,且我们可以理解这种意义并给出解释的方法论进路,舒茨的现象学社会学在定性研究实践中规定和强调一种积极的认知态度。② 这种认知在实践中经由感知与洞察得以完成,从而获得对现象的意义的相对深刻与准确的理解和解释,由此也给出了现象学社会学将"生活世界"作为其研究领域的原因。③

现象学社会学重视日常生活世界的研究,将日常实践活动看作自我构建过程,由参与创造它们的人进行例行式解释和描述,其核心任务即对生活世界的生成进行论证。对此,舒茨对这一世界的时间、空间、社会结构、多重实在意义域,以及结构与主体间的互动关联模式进行了探究,以厘清行动个体如何认识其"生平境遇"和日常知识,又如何赋予行动以意义让生活世界如其所是地运行。④ 杨善华进一步强调,舒茨针对的不是认识主体的主观意识,而是处于生活世界之中、具有自然态度的社会行动者的主观意识,力求从生

---

① 杨善华:《感知与洞察:研究实践中的现象学社会学》,《社会》2009年第1期,第162—172、227—228页。
② 杨善华:《感知与洞察:研究实践中的现象学社会学》,《社会》2009年第1期,第162—172、227—228页。
③ 杨善华:《感知与洞察:研究实践中的现象学社会学》,《社会》2009年第1期,第162—172、227—228页。
④ 郑庆杰:《生活世界与行动意义研究的可能性——对舒茨现象学社会学的一项考察》,《前沿》2011年第1期,第157—161页。

活世界及其内部出发阐明其意义结构。①舒茨对"生活世界"概念的选择，是对马克斯·韦伯提出的"理解社会行动意义之可能性问题"的回应，由此把"生活世界"推到了理论前台。

概言之，舒茨对（日常）生活世界的社会学分析将行动者视作可自由支配自身意志以改变社会的积极个体，而非缺乏个体意识的玩偶或傀儡，凸显了行动者的自我建构能力。基于此，本文将朝鲜族独居老人的生活世界置于舒茨现象学社会学的视域下进行分析，探究该群体的另类生命体验及自我建构过程。

三、朝鲜族独居老人生活世界的宏观图景

Y村是J省南部的一个少数民族扶贫村，地处长白山东麓，距乡（镇）约4公里，与其所属的市（州）相距30公里。全村朝鲜族人口41户132人，占总人口71.3%。随着老龄化程度加深和劳动务工人口外流，村中多为65岁以上的老年群体，占村落总人口60%以上。年轻人多在韩国或国内发达城市务工，罕有在村中停留的年轻劳动力。从居住状态来看，老年群体中单身独居老人居多，其次是夫妻双方共同生活的老人。作为一个兼具地域和民族特色的国家援助性建设村落，Y村拟被打造为示范性康养小镇的模式。

特殊的地势形貌、年龄结构和劳作习惯使得该村无法从事大规模的农业生产。受地方政府的倡导，该村纷纷实行土地流转，提高土地利用效率。在国家扶贫政策的支持下，当地政府运用扶贫资金和国债下放的资金建了63户政府援建房，建筑面积达3660平方米，当前已有33户村民迁入，且迁入者基本为当地的独居老人。截至

---

① 杨善华：《感知与洞察：研究实践中的现象学社会学》，《社会》2009年第1期，第162—172、227—228页。

2022年底，康养小镇已完成70%利用开发，其余30%还处于规划阶段。

市场经济背景下，老年人因劳动能力退化而被排斥在城市劳动力市场之外，老人"无用论"兴起，随之是老年人在家庭和村庄社会的全面"退场"。Y村承接国家扶贫资源，将孤立、分散的老年人重新组织起来，不仅通过一系列住房、医疗等优惠政策保障其基本生活需求，还设置相应岗位，给予了老年人在村庄公共场合"露脸"并展现自身能力的机会，实现其在村庄社会"返场"。同时，Y村老人拥有非常乐观向上的精神面貌，积极参与村落生产生活，成为日常生活实践中最活跃的元素，作为该村的一道"亮丽风景"，受到当地基层政府的关注和其他村庄的效仿。

本文以Y村33户居住在政府援建房的老年人为研究总体，采取目标式抽样选取60岁及以上且长期独自一人生活的老人为具体研究对象，从经济保障、医疗保障和生活照料三个方面，搭建独居老人生活世界的宏观图景，以探究其结构性支持和民族文化形塑下独特的生活世界。表1为2021年1月与2023年2月访谈过程中所得的相关访谈者的基本信息，笔者对其进行编码及匿名化处理，如表1所示。

表1 Y村访谈者的基本情况

编码	性别	出生年份	教育程度	子女情况	备注
Y-1	女	1985	高中	1个儿子（患有孤独症）	康养工作者
Y-2	男	1957	2年级	1个女儿（上海务工）	独居老人
Y-3	女	1955	未入学	2儿1女（1儿1女在北京、延边州务工，1儿在村委会工作，均分居）	独居老人

续表

编码	性别	出生年份	教育程度	子女情况	备注
Y-4	女	1952	未入学	2个女儿（外嫁去浙江、长春）	独居老人
Y-5	女	1947	未入学	3个儿子（2儿韩国务工，1儿已定居广州）	独居老人
Y-6	女	1945	未入学	1儿2女（均在村内，分居）	独居老人
Y-7	男	1962	小学毕业	1个儿子（韩国务工）	独居老人
Y-8	男	1971	3年级	无（未婚）	普通村民
Y-9	女	1963	小学毕业	4儿1女（务工、分居）	独居老人
Y-10	女	1960	小学毕业	1儿4女（分居、外嫁）	独居老人
Y-11	男	1977	高中毕业	1儿1女（分居）	村小组长
Y-12	女	1950	初中毕业	1儿1女（上海务工、外嫁广州）	独居老人
Y-13	女	1958	未入学	1个儿子（延边州务工）	独居老人

（一）经济保障

目前Y村独居老人的经济保障主要由自我保障和村集体经济保障构成。

1. 自我经济保障

朝鲜族独居老人的自养意识比较强，只要身体条件允许，就有自己的谋生策略，其自我经济保障主要分为土地保障和打工收入两个方面。独居老人Y-3（女，68岁）提到，平时都是自己管自己：

孩子都去外面打工去了，他们自己都搞不定自己，（他们的）孩子也得上学、补课，都老费劲了，管好自己就好了。平时我也不咋花钱，自己挣点自己花，最大的开销其实就是村里的红白喜事吧！还有就是买药，买药的话低保就够了。

（1）土地保障

Y村作为绿色稻米培养基地，拥有肥沃的农田。朝鲜族独居老人通过土地获得经济保障的方式有两种：自己劳作或土地流转。前者包括种植水稻、蔬菜等传统生计方式，对于土地还未出租的独居老人，土地便是他们的食物来源，他们在其中实现自给自足。正如独居老人Y-2（男，66岁）讲道：

东北这边水资源也丰富，气候也适合种植，平时没事就种点萝卜、白菜、土豆啊。8月份我们有个稻田节，到时候会进行丰收。

后者包括出租土地获得的经济收入。由于外出务工人口较多，村中土地常被闲置，独居老人会通过流转给外村人、村集体或入股合作社等方式，据Y-2提到，自己地少，但每年也能拿到2000元左右。

（2）劳动收入

自己劳作是低龄独居老人获得经济保障的另一渠道，主要包括销售产品、打工两个方面。前者包括药材、手工艺品等，独居老人Y-13（女，65岁）提到，当地人参等药材资源丰富，常常约伴一同去采摘，摘了会直接转卖出去，或者制成药膳作为康养产品卖给有需要的游客。加之自己平时会编竹篓，也是一项收入。另一方面，村内因人居环境整治的需要，设有保洁员、护林员等岗位：

活也轻松，每月能拿800到1500块钱。

2. 村集体经济保障

朝鲜族独居老人的村集体经济保障主要由村集体分红和参与康养小镇运营两方面构成。

（1）村集体分红

Y村康养小镇的建设和运营获得当地政府的大力支持。一方面，其建设资金主要来源于国家扶贫资金和政府购买国债两个渠道，并由政府牵头通过招商引资等方式引入中国旅行社、森宇信息科技有限公司等，保障康养小镇的运营质量。同时，当地的基层干部和康养工作者等也能充分挖掘地方特色，发挥核心优势。

在政策安排中，当地老人入住房租、水电均是免费，剩有的闲置住房被建造成特色民宿，以针对外来旅游群体。每年春秋之际，总有来自全国各地到此疗养的老人入住。作为宁波的对口援助点，宁波的老年人通常是其稳定的客户源。同时，康养小镇运营产生的利润每年会有5%～15%通过村集体经济回馈给当地的老年人。

> 其实针对老年人这块的话，我们国家给的政策，至少在延边州地区给的政策还是不错的。空巢老人现在大概有60%左右，算是贫困户了。除了基本的低保，还有村里的水电、房屋这些都是给老人的免费的政策，还有一些简单的工作，比如护林员的工作也会给到老年协会，由老年协会来承担。这一部分国家给的资金就直接给到承担工作的老人身上。①

---

① 访谈对象：Y-1，女，38岁，康养工作者；访谈时间：2021年1月23日。

（2）参与康养小镇运营

Y村结合自然资源禀赋和地域民族特色，以老年群体为目标客户，依托康养小镇，通过实施"康养+"等产业融合发展战略，实现村落经济发展，为当地老人创造增收机会。Y村背靠长白山脉，拥有丰富的自然生态资源和优质的药材资源，加之朝鲜族人讲究药食同源，常常根据二十四节气去调整自己的饮食结构，形成独特的朝药文化。一方面，依托其地理条件，Y村吸引南方地区的游客冬春之际前来观光赏雪，春秋之际前来避暑，大力发展"康养+生态旅游"产业。

> 我们运营的基础就是以康养旅游为业态的慢旅行，希望能够把周边的一些客户群，包括南方的一些养老的能带回到村子里，因为目前村子里老人不多，再加上年龄比较大，对于村子的经济不是特别好。因为旅游是刚需，再加上这边整体的民族氛围、自然景观各方面还是不错的，这其实是一个产业链条，我们正在往这个方向去发展。政府支持是一方面的，从建设和政策上给予我们帮助，但是更多还是需要市场化运作，需要我们自己想办法。①

另一方面，朝鲜族文化作为Y村独特景观，是留住游客的核心要素。因居住环境大多在靠山的平地，朝鲜族人形成热爱体育运动、长歌善舞的民族传统。据Y村康养工作负责人讲道，好动的性格令朝鲜族老人胸怀开阔、处事热情："我很希望这样一种精神面貌能感染到来这里旅游的老人。"因此，Y村常常组织外来老年群体因此参与到当地的体育活动中，例如打板球、打门球等，同时组织其与朝

---

① 访谈对象：Y-11，男，46岁，村小组长；访谈时间：2021年1月24日。

鲜族老人共同上山挖野菜、采人参、制作药膳等，积极带动其他民族的老年人融入当地的文化氛围。

> 因为长白山属于得天独厚的地方，食品是非常不错的，从水、食品、药材上。我们这边有一个朝药文化，讲究药食同源。很多从南方来的外地老人到这边来，从春天开始，我们会带着这些老人上山去挖野菜，夏天去采一些人参，当地有一些人参基地，回来以后自己去做一些药膳的料理。周围的山山水水也挺不错的，所以基本上是以旅游业态来运营，额外也会有二产的项目，比如三黄、人参之类的。①

Y村利用政策优惠积极推动区域养老服务的落地，并因地制宜，根据本地一、二、三产业特色要素，使朝鲜族老人成为康养小镇的运营主体，将其纳入市场体系，参与产业链的打造，充分发挥其主观能动性，推动其继续老龄化。

（二）医疗保障

在医疗保障方面，主要体现在宏观医疗政策的落实及医疗资源的积极引进。前者包括基本的养老补贴、医疗优惠等，后者包括大型医院、村医务室等硬件设施。据了解，村内老人常出现头疼脑热、感冒发烧、高血压等状况，但大多可通过每月的补贴购买相关药物。据Y-5（女，76岁）讲道：

> 低保每个月500、300、200块的都有，有的时候1000块。一个月平均不到1000块钱吧，就是买药花钱多，跟礼花钱多，

---

① 访谈对象：Y-1，女，38岁，康养工作者；访谈时间：2021年1月23日。

买肉买啥的一年都不买几回，自己种点青菜来吃。所拿到的钱对于基本生活已经够用了。

若出现较严重的疾病，大多前往就近的大医院，交通条件也较为便利，并且报销90%的住院费，基本解决看病难、看病贵等问题。具体情形正如独居老人Y-6（女，78岁）讲道：

医疗保障都挺好的，住院90%报销。买药的话，便宜的100，贵的会花100多。村里面有医务室，之前有村医坐诊，现在之前的村医退休了，我们正在等待新医生过来。

同时，Y村还定期组织医务人才进村，实现当地老年人每年至少一次的体检，以方便及时治疗。目前，Y村正计划建立与大城市的医疗服务合作项目，尝试与医疗器械单位进行沟通合作，希望能够引进更先进的医疗器械，更希望能在未来利用5G技术和VR技术构建一个远程的专家就诊平台，以优化区域医疗水平。

（三）生活照料

独居老人的生活照料问题往往依靠家庭和社区得以解决这一观点早已为大多学者所论证，[1] 然而，朝鲜族独居老人的生活世界却展现出截然不同的景观。据Y-11（村小组长）讲道，朝鲜族老人拥有非常积极乐观的精神面貌，生活状态与其他民族的老年人有着根本的不同：

---

[1] 李艳华：《少数民族转型社区老年文化福利研究——以昆明沙朗白族社区为例》，北京：九州出版社，2018年，第99页。

我在 Y 村工作了许多年，就发现这边的老年人这种生活状态其实跟其他地方老人不一样，尤其是少数民族的老人，跟汉族老人更是不一样……他们自己可以玩得很 high……我希望能够把这种状态分享给其他地区的老人。

在生活文娱方面，Y 村遵循朝鲜族老人的性格特点和娱乐习惯，依托老年协会建立起较为组织化、系统化的闲暇消遣体系。

作为一个爱好"吃喝玩乐"的民族，朝鲜族人娱乐方式极为丰富。Y 村也建有专门的门球场，放露天电影的广场，以及可供散心休憩的小镇公园和看报看书的图书室，为村民提供舒适的休闲娱乐环境。严冬之际，唱歌、跳舞、打牌、饮酒等是独居老人的日常写照。当天气回暖时，相较于居家静默，朝鲜族独居老人更倾向于同他人进行交流，搭建自己的社交网络。每逢夏、秋两季，老人们会相约一起打门球、看露天电影或外出郊游，周边景区也有专门为老人提供的野餐环境。同时，采摘药材、制作药膳等不仅是其生活娱乐的一部分以消遣其闲暇时光，更作为一种物质活动为日常生活增添收入。Y-1 讲道：

让外地来的老年人和我们朝鲜族老人一起上山去挖药材是我们康养小镇设计的一个实践活动，朝鲜族老人也能得到一些报酬的……也是希望增强双方在劳动过程中的互动交流，希望他们在这里有好的体验。

作为一个传统节庆众多的民族，朝鲜族人倾向于热闹欢庆的氛围。当地朝鲜族老人与外来老人不可避免地会在民族文化、生活习惯上产生碰撞，一定程度上会增加村落治理难度。Y 村会根据每个月的传统节庆组织一些民俗活动等,鼓励多民族老人自愿参与其中,丰富邻里间的交流和社会互动,以增强共同体凝聚力。

每年的 8 月 15 日是朝鲜族人的老人节,当天,会组织歌舞、踩跳板、荡秋千、打球、摔跤等娱乐活动,并让 60 岁以上的老人佩戴大红花,接受人们的祝福。节日里,有老人的家庭都非常恭敬地备制"麻克烈"(一种米酒)、打糕、冷面、狗肉等食品,对老人的辛勤劳碌表示尊重、感谢。这些康养娱乐项目在实现健康老龄化过程发挥了较大作用,不仅提高了老年群体的生活品质,也提升了其社会参与积极性,充分发挥了老年群体的潜在价值。

> 我们现在村子里边,本身就有这个老年协会。村子里面有门球场,就是政府出资建设的,我们去打门球,需要一天交一块钱给老年会。天气好的时候老人们可以一起去野外野营或者是野餐,冬天的时候出来打打篮球,或者在家打打牌、唱唱歌、跳跳舞、喝点酒。然后还有一些节庆活动,那我们运营方进入以后呢,就会开展一些体验性活动,包括那个药膳的制作呀,带着老人去做一些采摘的活动啊,还有就是能够做村与村之间的一些交流性的这种活动。①

四、朝鲜族独居老人生活世界的微观呈现

舒茨认为,每一个个体自童年时代就开始通过自身的经验获取关于日常生活世界的各种知识,这些知识和他在生活过程中获得的具体经验共同积淀成为经验储备,作为其此后理解社会现象、采取

---

① 访谈对象:Y-1,女,38 岁,康养工作者;访谈时间:2021 年 1 月 24 日。

社会行动的基础。这些经验储备具有鲜明的个体特征,舒茨称之为个体的"生平情境"。①与普通老人不同,朝鲜族老人总是主动置身于自己的"生平情境"中从事相关活动。"我们当地的朝鲜族老人,都是从自己的文化、习惯或从自己熟悉的场景、社交网络中积极去做一些事。"也正因为如此,朝鲜族老人有其鲜明的民族特征。

着眼于老年人群体的主体性和非依附性,Y村在为老年人提供充分的物质性保障的同时,也在充分尊重其民族特点和主观能动的基础上营造了老年人社会交往空间,以形式多样的集体活动为载体,使其在与同辈群体的直接互动中获得精神需求的满足。在观念上持"重现世""安乐世"的独居老人,不追求"活在子女心上",反而倾向于在社会交往、物质活动中寻找一种新的生活节奏感,一种被有意义的日常生活实践赋予的时间感。由此,老年人在自己的生活世界中拥有强烈的自我认同,并实践着一种新的生活方式:老年人依靠土地获得生活资料,在与熟人社会中的同辈群体相处中获得生活乐趣,并依靠自身力量来解决自己生存必需的经济来源和日常生活照料。老年生活不再是"熬时间",而是重要的生活体验。

(一)观念:"过好自己的生活"

"过好自己的生活"是朝鲜族独居老人极具普遍性的价值观念,是其对本体性价值追求的集中体现。贺雪峰基于辽宁大古村的调查,指出本体性价值在农民生命历程中发挥着特殊功效,"正是有了对本体性价值的追求,人们的生活就有了纲,有了目标。纲举目张,生活中其他方面的价值将会服从和服务于对本体性价值的追求……人们才会觉得忍受现实苦难具有意义,才能脱离狭隘的个人利益的局

---

① Schuutz A.*The Phenomenology of the Social World*[M].Evanston, IL: Northwestern, 1967.

限和个人物欲的困扰，也才能够安身立命。"①不同于贺雪峰将"传宗接代"视作中国农民的主体性价值追求，本文认为，以"自我"而非子女为中心是朝鲜族独居老人别样的价值观，生成其对人生意义的寻求，并对他们在不同生命周期下扮演的角色产生积极的认同感。

我年轻时就在延边打工，所以普通话讲得比他们（指其他朝鲜族老人）好，回村也差不多20多年了，再没出去过，除了身体实在不舒服的时候。近几年村子里条件是变好了啊，里里外外都干干净净。我每天都很忙的，像我现在负责3户人家门口和路段的卫生，每天都要去打扫或督促大家爱护环境。基本没有不忙的时候，不忙的时候也是干活。春天了就种菜，秋天了就捡柴火。要么几个老太太一起过来在我屋里坐着，打打花牌，要么就大家一起下湖耕作。②

活动室那里有个门球场，还有个图书馆，我们这朝族人多，有时候大家聚聚唱个歌、跳个舞，或者自己做点东西背着去附近公园逛逛，要么就自己在图书馆看看报、看看书。现在的生活是真的挺好，什么都有，我也能养活自己，自己过好自己的日子是最好的，政府建了大房子给你住着，没病就行。孩子30、40好几咯，大儿子在上海工作，女儿嫁去广东那边了。③

基于现象学社会学的相关理论，我们可以更加清楚地勾勒朝鲜族独居老人背后的文化心态。朝鲜族独居老人的生活世界以"自我"为核心，在一个"共同成长"的我群关系（we-relationship）中，被赋

---

① 贺雪峰 .:《中国农民价值观的变迁及对乡村治理的影响——以辽宁大古村调查为例》，《学习与探索》2007年第5期，第12—14页。
② 访谈对象：Y-12，73岁；女；访谈时间：2023年2月17日。
③ 访谈对象：Y-12，73岁；女；访谈时间：2023年2月17日。

予了一个相同且稳定的历史与传统，即一个已有的"社会文化世界"被作为参照框架，但当事人并不会有意觉察这种框架，而是将其视为一种自然世界。在这个自然世界中，对"自我"的推崇是天经地义的价值，而"顾好自己""过好自己的生活"等则是最重要的伦理规范。

因此，笔者认为，朝鲜族独居老人以"过好自己的生活"为表征的观念主要体现在代际关系中的独立、养老预期的乐观和对"死亡""衰老"等人生议题的坦然。

1. 代际关系的独立

在代际关系层面，Y村代际间独立关系较强。父代对子代的支持较为有限，缺乏为子代事务"操心"的意愿，村民更为注重自我的日常生活品质。相应的子代向亲代反馈更多取决于双方日常的互动交往，个体的"良心"成为子代履行养老责任的主要依据。正如Y-13（女，65岁）提及自己的日常生活是种菜、看报、与同辈群体玩乐，而关于是否在意子代的赡养问题，她则说：

> 我生病的时候，要么节假日也会回来看看，不管，他们健康就好，人就活这一辈子，把自己顾好就行了。

2. 养老预期的乐观

在养老预期层面，父代对子代履行养老责任缺乏稳定预期。Y-13的案例表明，在子代成家或务工离家后，父代会保留自己的土地与生产工具，农闲时则打零工或从事其他副业，在自己有劳动能力时为自我养老积攒一定资源，保持经济上的独立性，不依赖子代进行养老。可见，朝鲜族独居老人个体自由独立程度较高，能够支配自身的劳动力与闲暇时间。不可忽视的文化因素是，父辈为自身积攒养老资源在朝鲜族文化语境中具备合法性，违背"养儿防老"或"侍奉双亲"等传统规范鲜少会陷入负面舆论。因此，在身体机能允许时，独居老人乐意进行"自养"。

3. 面对生命事件的坦然

衰老，伴随的不仅是身体机能的萎缩，更是一种逐渐陷入孤岛、不被主流社会接纳的孤独。朝鲜族的文化观念中强调"重现世""求乐生"等思想，有效形塑了独居老人对疾病、衰老、死亡等生命事件的看法。朝鲜族独居老人在言谈中常出现"过好自己就好""人就活这一辈子"等"口头禅"，反映出其对此时此刻的享受与对美好生活的向往。访谈中 Y-1 常提到，朝鲜族老年人积极的生活姿态和精神面貌令她非常有感触：

> 我在这里工作七八年了，朝鲜族老人跟其他民族真的不一样，非常爱笑、乐观，我希望这种态度也能感染到其他老年人。

正如赵秀玲指出，只有老年个体本身"不服老"才是克服"被养老"和消极养老的关键。[①]

在 Y 村的养老模式中，父代在有劳动能力时自我供给一部分生存资源，子代提供一部分，但更多也只是履行兜底性的赡养责任，即在父代丧失劳动能力之后保障其基本生存与丧葬。而在情感交流方面，父代则更多在外向型的闲暇活动中安置自己的内心世界。诚然，观念也并不一定总是和谐地支撑着朝鲜族独居老人的生活世界，而是在村落的日常交往互动中不断地进行自我调整和重构才得以充分发挥作用。

---

① 赵秀玲：《中国农村养老保障与乡村治理现代化》，《求是学刊》2021年第3期，第34—42页。

（二）交往："有忙就要帮"

交往指人们之间的互相作用、互相影响的方式和过程，人们有了交往才产生了社会关系，交往构成社会关系中最基本的活动过程。"有忙就要帮"是朝鲜族独居老人处理社会关系的基本准则，也是其开朗、热情、好客等秉性的直观反映。朝鲜族独居老人虽将"自我"作为生活世界的核心，但其对自身社会角色和功能的理解却不局限于自身，他们的生命意义及其认同会更多安置于亲属、邻里、村落等结构之中。相较于自我隔离，他们更倾向于维系或拓展自己的社交网络。

Y村在代际关系上的普遍独立性意味着其养老主体的格局形成依托于村落社会关系网络的建构性特征。当内部无法单独完成红白事等仪式性事务以及日常生产生活中超出家庭能力范围之外的事务，又无法进行水利灌溉等生产方面的互助合作以及抵御自然的侵扰时，地缘关系成为个体应对超出家庭能力之外事务的基础，向外拓展关系也成为在村落生存的必备条件。个体的社会关系网络的宽广与纵深程度愈高，就越能保证获得其他村民的帮助，因而个体要会做人与为人处世。[1]

朝鲜族独居老人以"有忙就要帮"的为人处世准则的交往主要体现在与同辈社交、参加仪式性和公共性活动等方面。前者涵盖游玩、聚餐、串门、聊天等闲暇活动，后者包括红白喜事、村落公共事务的互帮互助等。

1. 同辈社交

一方面，朝鲜族独居老人常常自发组织到周边游玩。Y村背靠长白山脉，风景秀丽，周遭有许多小景点，服务设施也相对完善，老年人自发形成了露营的习惯。Y-9（女，60岁）自豪地表示：

---

[1] 班涛：《农村养老的区域差异研究》，《社会科学研究》2017年第5期，第142—149页。

这几年周边的小景点，建得比较好的地方，我们几乎都去过了。

最初，老人们通过 AA 制方式集资聚餐，后来觉得麻烦又调整为"集资野餐"，即每个老年人带着自己做的食物前往聚餐点。另一方面，串门、聊天是朝鲜族独居老人最常见的闲暇消遣方式。Y-9讲道：

（尤其）在冬天的时候，几个老太太不想去外面，就在电炕上讲讲话……有很多可以讲，很零碎的，约着去哪里看看，或者就是一起坐着发呆。

在与街坊邻里的频繁联络中，老人们保持着"自我"在日常生活世界的舒适感和安全感。毛一敬认为，能够回应老年人精神需求的社会交往是一种主体共同在场的直接互动，对交往对象的信任感、交往空间的安全感、交往事项的意义感是持续不断再生产老年人社会交往的三个基础。[1] 同辈群体作为老年人的重要生活群体，可在情感支持、生活照顾老年再社会化等方面发挥积极作用，而朝鲜族独居老人在同辈社交中无疑实现了情感共鸣和交往融入。

2. 仪式性、公共性活动的参与

人们在日常生活中构建惯习及场域的同时也建构出日常生活的意义世界，日常生活自然高峰的仪典，如出生、成人、结婚、丧葬等生命必经历程，引导着交往的进行，赋予人们一举一动以意义。红白喜事等仪式性活动是朝鲜族独居老人生活世界中的重要内容，

---

[1] 毛一敬：《重建社会交往：农村老年人精神慰藉的组织化实践路径》，《东北大学学报（社会科学版）》2021 年第 5 期，第 73—80 页。

Y-7（男，61岁）认为，邻里间的互帮互助非常重要，甚至红白喜事上的人情支出成为其日常消费的主要支出项，但他并非将其视作一种"交换"的资源，更多是情感层面的主动给予：

> 平时就是买药或者村里谁家红白喜事花的多，其他都没什么消费了……我们平时关系都很好，都是一群老骨头了，人活这一辈子，不是一定要多获得什么，我们有忙就会帮。

另一方面，作为一个节日众多、热爱"吃喝玩乐"的民族，Y村常常组织文娱活动，常见的诸如日常性的广场舞活动或为节庆活动编排表演节目等，老人们对此积极性较高。老年人每晚在活动室前的广场集合，领头老人负责音响设备、准备开水。除此之外，当村庄在岁食节、寒食节、老人节、稻田节、春节等节庆举办活动时，会自己编排小品、唱歌跳舞等节目进行表演。这不仅成了老人们锻炼身体的一种方式，也作为一种社交媒介令其在社交场中维持一种价值感和充实感。

朝鲜族独居老人的情感舒展和生活意义实现于村庄主体间性的日常社会交往中。在经济社会转型背景下，农村老年人家庭交往和社区交往的双重式微使老年人精神慰藉困境凸显，以村落熟人社会为空间载体，重建老年人主体性社会交往是化解老年人精神慰藉困境的重要尝试。①

（三）物质活动："要自己找点事做"

物质活动作为个体生产和再生产的行动总称，表现在劳作、消

---

① 毛一敬：《重建社会交往：农村老年人精神慰藉的组织化实践路径》，《东北大学学报（社会科学版）》2021年第5期，第73—80页。

费等场域状态。"要自己找点事做"是朝鲜族独居老人的常有表达，也是其抵御生活风险的情境性策略。勤劳是大多数朝鲜族老年人的秉性，只要有可能劳动，他们都不愿意闲下来。Y-10（女，63岁）提到：

> 基本没有不忙的时候，不忙的时候也是干活。春天了就种菜，秋天了就捡柴火。

朝鲜族独居老人生活世界中的物质活动表征为经营土地或主动在村落内寻求力所能及的工作等，而在该物质活动中获得的确信感对独居老人的自我建构无疑有着重要影响。

工作在舒茨的日常实在中有着优先地位，"日常生活中的工作世界就是我们对实在的经验的原型。其他所有的意义域都可看作是对它的修正。"因之，舒茨将工作视作自我理解和自我实现的关键渠道，认为只有行动主体充分参与进具体工作状态中，个体才能从异质、漂浮和弥散的生命体验中明确自我定位，并得以最终锚定个人的生命意义。朝鲜族独居老人的生产生活深嵌于村庄熟人社会，物质活动是其在日常生活世界中保持独立感和掌控感的实践场景，也是其实现自我建构的日常性途径。

> 近些年身体没那么好了，前些年天天帮着割稻子、下湖捞鱼、种菜，我还在村委会应聘过护林员，每个月拿个800块钱。他们（指村委会）都觉得我工作很好，我离开的时候他们还舍不得。现在也找了些事来做，有时候就跟着去山上挖点人参、野菜，还会带上很多汉族的老人，一起做成食膳，要么就和隔壁几个老太太做点打糕……我很满意现在的生活，很幸福，自

己手头也宽裕，我用不完的。隔壁那个（老头）比我还大2岁，现在还帮着村里做点碎活。①

1. 经营土地

经营土地是朝鲜族独居老人的日常生活之一，也是其"要找点事干"的基本消遣途径。老年人与土地相结合，依托农业生产和村落自然经济机会等获得经济收入，可以在村内维持一种"低积累，低消费"的自养生活。种水稻、野菜、玉米、黄豆等不仅作为朝鲜族独居老人的日常性生计方式，更是其生活世界中重要的"事业"。

2. 寻求工作

在村落的生产生活中，老年人扮演着积极主动的角色，而非沦为家庭的附庸，尤其是低龄老人。因此，老年人的自我认同实现于老年人作为主体的参与式体验过程，而不是作为客体被动地接受服务。②朝鲜族独居老人发挥自身"余热"，以护林员、清洁工等身份在村落内寻求薪资报酬，是一种积极正向的人生姿态。在这一过程中，老年人不再是被动的被供养者，而是一种资源输出者。Y-4（女，71岁）虽在言谈中从未提及"经济独立"一词，但却反映出其认为个人掌握经济支配权的重要性：

我们村里老人多，其实很多都有自己的积蓄……除了几个百岁老人，只要能动就要干活，这是一定的……基本的药费都是自己出，做手术几个孩子会一起出。

---

① 访谈对象：Y-12，73岁，女；访谈时间：2023年2月16日。
② 李永萍：《养老抑或"做老"：中国农村老龄化问题再认识》，《学习与实践》2019年第1期，第92—100页。

此外，带领来此旅游的老年人去山上挖人参、五味子、草芍等药材，并教其制作药膳，通过一系列物质活动参与村落生产生活，是老年人获得价值感和意义感的重要来源，并不断激励老年人的社会交往和公共参与。这一系列康养劳作不仅回应了"充分在场"的老年人的精神需求，也通过社会交往和物质活动等载体形成一种积极的精神能量场，辐射给其他民族的老年群体，积极传播本民族优势文化的同时，更推动了多民族融合发展，有利于形成老人友好型社会氛围。

从根本上说，"过好自己的生活""有忙就要帮""要自己找点事干"作为朝鲜族独居老人建构自我的主体表达，是其面对衰老、死亡等生命事件时有尊严的选择，并用以抵抗对平凡生活的追问。无论如何，这些情境性策略多少显示他们应对个体和社会难题的选择，"找点事干"也成为其行动方向和自我目标。笔者认为，通过不断参与社会交往和物质活动，朝鲜族独居老人得以稳定扎根于一份工作上，从而持续产生积极意义。在这个过程中，生命意义会得到确认，自我认同会趋向正面，更加将自己锚定为一个独立的个体，而非家庭或子女的附庸品。

五、朝鲜族独居老人生活世界的文化启示

功能理论考察了特定社会需要与心理需要通过文化得到满足的作用机制，认为一个相对同质性的文化能够为个体提供确定的答案来解决他们的日常困境，由此产生认知安全感。朝鲜族文化作为朝鲜族人广泛共享的知识系统，被频繁运用于日常生活实践中，主要在避免独居老人的精神世界"失意"、社会关系"脱嵌"和社会生活"失序"三方面发挥着重要功能。

（一）避免精神世界"失意"

朝鲜族文化作为朝鲜族人赖以生存的结构性文化，形塑了共同体成员积极乐观的精神面貌和热情开朗的民族性格，发挥着避免精神生活"失意"的功能。先辈的宗教象征符号及仪式作为承载文化的载体，能够提供有关生命意义和生活态度的持续的富有想象力的描述，从而使文化意蕴得以传承，并通过价值观念表现出来，指导人们的生活。回溯朝鲜族传统文化中的宗教仪式和神话特点，有便于我们理解朝鲜族独居老人精神世界的形塑缘由。

马林诺夫斯基认为，巫术和仪式从根本上说就是为了满足人们的基本需求，通过一定的仪式举行和参与，人们可以在面对现实困境时获得心理调适。在朝鲜族的原始巫俗仪式中，朝鲜族人以降神、娱神、送神、祭神为基本轨道，奉行着一种神圣的仪式。在第一个降神仪式中，人们在祭仪前祈祷，跟随着巫师的引领奏响巫歌，跳起巫舞，以迎接神明的降临。在第二个娱神仪式上，人们为了获得神性而狂欢歌舞，展现出"神人合一"的愉悦感受。当人们在舞蹈中得到神赐力量后，便又开始了一个新的阶段——驱邪求福。第四个仪式的"祭神"活动中，人们在祭祀神鬼时向神明献祭各种物品，表达对神灵的崇拜和敬仰之情。从文化人类学角度看，四个仪式所体现出的精神内涵具有深刻的社会意义。朝鲜族的巫俗仪式追求"通神求生"，即对"生命"的追求和享受。这种信仰的本质在于通过对"生"这一终极存在的体验来实现对自身、他人以及社会生活的超越，从而达到"重生"的境界。可见，朝鲜族文化彰显了根植于生命本体意识的"重现世"精神。

随着"重现世"意识的存在，人们自然而然形成了一种"求乐生"的心态。在朝鲜族的神话传说中，故事多以"大团圆"为结局，这种文化心理也反映在宗教艺术领域：朝鲜族人在创作中对世俗冲突的想象较少，更加聚焦现世的幸福，关注如何利用神力在现实世界建立一个"乌托邦"。因此，朝鲜族神话常将神话人物的主要活动舞台框定为人间，着重描绘神—人之间的和谐场景，从而营造出一种深刻的叙事氛围。可见，"乐天性"作为朝鲜民族的性格内核，形塑了该族群乐观向上的生活态度和精神面貌。在这一原始文化的影响下，形成了一种具有鲜明民族特色的审美模式，使得朝鲜民族敢于与多舛的命运进行抗争。

因此，朝鲜族独居老人拥有顺其自然的死亡观，并不刻意强求生命，而是强调快乐而有意义地生，安然自若地死，将生命的意义置于生死之上，寓于精神的延续之中。"重现实""求乐生"的文化观念使他们拥有认知安全感，能够以理性的态度面对疾病、衰老、死亡等一系列生命事件，激发生活世界的活力并提高生命质量。

（二）避免社会关系"脱嵌"

朝鲜族文化具有避免社会关系"脱嵌"的功能。作为20世纪80年代以来个体化理论的推动者，德国社会学家乌尔里希·贝克以"脱嵌"阐述"社会个体化"命题。他指出，在流动性大量增加的现代社会，人与人、人与社会之间的社会枢纽愈加薄弱，并逐渐从束缚自己的各种范畴（历史既定身份、支持系统与义务社会）中"脱嵌"而出，以个人为基础的社会行动和思考模式成为趋势。[1]阎云翔认为，不同于西方，中国的个体化属于主观个体化，主观个体化更强调自我驱动，个体必须在身份建构和心理发展层面上，同时面对对立的自我与传统的集体约束间的矛盾和张力。

随着改革开放、市场经济体制改革等关键历史事件的推进，中国现代社会结构转型发生剧烈转型。个体从高度集中而无所不包的

---

[1] 贝克：《风险社会》，南京：译林出版社，2018年，第65页。

"总体性社会"中"脱嵌"出来，越来越多地从家庭、亲属关系、单位或集体、社群和阶级等结构性藩篱中解脱。伴随乡村社会个体化，农村福利制度的缺失、互助互惠网络的消解、公共生活的式微和日益加剧的"流动的生活"，个体不可避免地遭遇精神危机。马克思将以新兴宗教为表征的"家庭教会"视作一种联结孤独个体、缓解生活愁闷的互助模式，认为人们能够在其中解决日常生活中无法靠个人解决的实际问题。许琅光在《祖荫下》详尽阐述宗族文化对个体的防御功能。在朝鲜族独居老人的生活世界中，个体被先天性赋有自主性和自我决定的能力，独立的个体能够把握其生活的全部，并依据内心的意志规范自己的行为。同时，他们通过一定仪式性和公共性活动，在聚餐、游玩、串门、跳舞、打门球等社会交往中积极拓展和维持自己的社交网络，从传统制度规约中"脱嵌"而出，实现了主体性建构。

贝克曾论断："在中国，个人正变得越来越重要……但中国农民往往因缺乏有效结合而处于孤立无缘的状态之中。"[①]透过Y村的个案呈现，我们可得知其村落共同体成员生活在"制度上得到保障的架构中"，而日益成为"为自己而活"和"靠自己而活"的个体。

（三）避免社会生活"失序"

社会生活是不确定性发生过程的场所，也是连接一切社会关系的总和，个体的主观认知期望都建立在其社会生活连接上。[②]朝鲜族文化作为一种人的主体精神世界的表征，对社会生活提供着一种恒久性支持，发挥着避免社会生活"失序"的功能。在熟人社会里，

---

① 吴理财：《中国农民行为逻辑的变迁及其论争》，《中国农业大学学报（社会科学版）》2013年第30卷第3期，第22—30页。
② 闫泽华、王天夫：《社会连接与智慧城市建设——基于社会生活的不确定性》，《探索与争鸣》2022年第11期，第41—51、177页。

人们之间有着天然的责任与权利，彼此之间有着相对应的权利与义务的潜在准则，相互之间有着"亲戚"或"拟亲戚"的关系，没有也不需要建构社会制度来保障人们之间的关系。人与人的连接停留在家族、村落、单位等共同体中，与自然世界的连接除了作为生物体的生老病死外，主要停留在靠天吃饭的农业和通过简单物理变化制造的工具上。当与社会生活密切相关的经验认知不再可靠，这些都使人们逐渐失去了确定性的内生来源。尤其当这些日常社会生活的不确定性逐渐内化于人们的生活认知中，就制造出了一个潜意识中对不确定性怀有无奈"期待"的社会集合。朝鲜族独居老人对其民族传统文化有着强烈的认同感，为其生活世界提供了稳定的价值输出，保障其在日常社会生活体系中的安全感。朝鲜族人至今保持着老人节、稻田节、寒食节、岁食节等具有浓厚民族风味的传统节日，折射出这个民族的凝聚力和向心力。同时积极融入中秋节、春节等中华民族传统节日之中，很好地实现了多民族交往交流。因此，因地制宜发展与其民族文化相契合的养老服务，满足特定老年群体的养老需求，对构建社会主义和谐社会和促进社会养老服务均等化发展具有重要意义。

六、结语

基于现象学社会学的理论视野，本文从经济保障、医疗保障、生活照料三个维度，透析朝鲜族独居老人生活世界的宏观背景：发现不同于将老年群体作为承接国家公共资源的待养客体，Y村有效链接政策资源和地域民族特色，将老年群体的主体价值纳入村落日常生产生活实践，创新了基层养老模式。同时，从观念、交往、物质活动三个层面，探究朝鲜族独居老人生活世界的特点：发现"过好

"积极能动者",在村落的生产实践中扮演着重要角色。在制度化养老服务体系已经在全国实现形式上的全覆盖并日益完善的当下,Y村的养老实践展现了民族文化优势元素如何与老年群体的生活世界相互融合,以构建应对养老问题的精神纽带的个案样本。

(三)分析独居老人生活世界折射出的"点线面体"意义

潘光旦曾提出"社会学的点线面体",构建了中国社会学研究在个体的、人际的、社会的、历史的四个维度的基本线索。其中,"点"是指每一个人;"点"与"点"之间的连接就是"线",线就是关系,是"点与点之间的刺激与反应";"点"和"线"的总和即为"面","面"实际上就是更大的社会环境;"面的累积就是体",即引入了时间概念。本文以独居老人为"点"(个体层面),独居老人在日常实践中积极拓展的社会关系网络为"线"(人际层面),独居老人搭建的生活世界为"面"(社会/村落层面),民族地区的养老情景为"体",揭示了非正式制度、非正式群体在养老问题解决中发挥的特殊功效。

值得注意的是,若将本文对独居老人主体价值的推崇简单等同或理解为是一种个体的全面觉醒和主体的充分在场,是不现实也是失之偏颇的。个体化历程在齐格蒙特·鲍曼等人对个体化的经典讨论中往往被更为宏大和难以观察的结构所决定。因此,将独居老人的生活世界置于积极的文化情境中进行深描,意在提供更多的养老想象,而非忽视外部供养的力量片面强调其自我建构价值。

参考文献

[1]Rubinstein, Robert L., and Janet Capriotti Kilbride. *Elders living alone: Fraility and the perception of choice.* Transaction Publishers, 1992.

[2]Schuutz A.*The Phenomenology of the Social World*[M].Evanston, IL: Northwestern, 1967.

[3] 班涛. 农村养老的区域差异研究 [J]. 社会科学研究，2017 (05).

[4] 贝克. 风险社会 [M]. 南京：译林出版社，2018.

[5] 本哈德·瓦尔登费尔斯. 生活世界之网 [M]. 谢利民译，北京：商务印书馆，2020.

[6] 陈旭、陈进. 新疆哈萨克族传统养老文化的现代传承和调适 [J]. 西南民族大学学报 (人文社科版)，2016 (07).

[7] 费孝通. 家庭结构变动中的老年赡养问题——再论中国家庭结构的变动 [J]. 北京大学学报 (哲学社会科学版)，1983，(03).

[8] 高鸣. 中国农村人口老龄化：关键影响、应对策略和政策构建 [J]. 南京农业大学学报 (社会科学版)，2022，22(04).

[9] 贺雪峰. 中国农民价值观的变迁及对乡村治理的影响——以辽宁大古村调查为例 [J]. 学习与探索，2007 (05).

[10] 候蔺. 积极老龄化视角下我国积极养老的实践探索 [J]. 老龄科学研究，2017 (12).

[11] 胡塞尔. 胡塞尔选集（下卷）[M]. 倪梁康译，上海：上海三联书店，1997.

[12] 李国珍. 村庄家庭养老秩序的变迁研究——湖北某村李氏家族盛衰变迁为例 [J]. 南方人口，2013 (6).

[13] 李艳华. 少数民族转型社区老年文化福利研究——以昆明沙朗白族社区为例 [M]. 北京：九州出版社，2018.

[14] 李永萍. 养老抑或"做老"：中国农村老龄化问题再认识 [J]. 学习与实践，2019 (1).

[15] 刘辞涛，向运华. 少数民族宗教文化对现代养老服务体系的赋能与完善 [J]. 民族学刊，2022 (09).

[16] 刘汶蓉. 活在心上——转型期的家庭代际关系与孝道实践 [M]. 上海：上海人民出版社，2014.

[17] 毛一敬.重建社会交往：农村老年人精神慰藉的组织化实践路径 [J].东北大学学报(社会科学版)，2021 (05).

[18] 梅丽萍.国家与家庭关系视野下的农村家庭养老问题 [J].海南大学学报（人文社会科学版），2016 (5).

[19] 茹婧.村域空间转型与生活世界的流变——基于川东坝子社区的个案研究 [M].北京：人民出版社，2019.

[20] 孙飞宇.方法论与生活世界：舒茨主体间性理论再讨论 [J].社会，2013，33 (01).

[21] 王晓丽.近十五年关于"生活世界"问题的研究 [J].社会科学战线，2004 (05).

[22] 王跃生.当代中国家庭结构变动分析 [J].中国社会科学，2006，(01).

[23] 王增文.农村老年人口对养老服务供给主体的社会认同度研究——基于宗族网络与农村养老服务政策的比较 [J].中国行政管理，2015 (10).

[24] 王芝兰.海南黎族农村养老文化浅析 [J].人民论坛，2015 (08).

[25] 韦宏耀，钟涨宝.代际交换、孝道文化与结构制约：子女赡养行为的实证分析 [J].南京农业大学学报（社会科学版），2016 (1).

[26] 吴理财.中国农民行为逻辑的变迁及其论争 [J].中国农业大学学报(社会科学版)，2013，30 (03).

[27] 吴敏启.传统孝道视角下农村养老模式的创新研究——以浙江 S 村"孝心基金"为例 [J].安徽农业科学，2014 (14).

[28] 闫泽华，王天夫.社会连接与智慧城市建设——基于社会生活的不确定性 [J].探索与争鸣，2022 (11).

[29] 阎云翔.私人生活的变革：一个中国村庄里的爱情、家庭与亲密关系 1949—1999 [M].上海：上海书店出版社，2006.

[30] 杨善华.感知与洞察：研究实践中的现象学社会学 [J].社会，2009 (01).

[31] 杨善华.以"责任伦理"为核心的中国养老文化——基于文化与功能视角的一种解读 [J].晋阳学刊，2015 (05).

[32] 张坤，胡建.农村养老视域中传统孝道文化的固本与开新 [J].理论导刊，2015（10）：52—55.

[33] 张奇林、刘二鹏、周艺梦.守望如何相助——中国家庭互助行为的影响因素分析 [J].武汉大学学报（哲学社会科学版），2018 (4).

[34] 张祝平.当代乡村社会民间信仰的养老参与 [J].武汉大学学报（人文科学

版），2017 (5).

[35] 赵秀玲. 中国农村养老保障与乡村治理现代化 [J]. 求是学刊，2021 (03).

[36] 赵志强，王凤芝. 文化社会学视角下的农村互助养老模式 [J]. 农业经济，2013 (10).

[37] 郑庆杰. 生活世界与行动意义研究的可能性——对舒茨现象学社会学的一项考察 [J]. 前沿，2011(01).

[38] 周浩玲. 嵌入与重构：现代养老体系与少数民族传统养老文化互动 [J]. 云南民族大学学报(哲学社会科学版)，2020 (01).

[39] 邹小华. 社会主义核心价值与生活世界的互构研究 [M]. 北京：中国社会科学出版社，2020.

流动的生活：昆明市外卖员群体研究

作　　者：窦文博
　　　　　云南大学民族学与社会学学院
　　　　　2018 级社会学
指导教师：张美川

一、绪论

（一）文献综述

随着"互联网+餐饮"新业态的飞速发展，外卖以其便利性、餐品的丰富性等优势越来越受到消费者的青睐。据艾媒咨询的调查数据，2011年到2020年十年间，中国在线外卖市场规模从216.8亿元快速增长到6646.2亿元，年平均增长率接近50%。[①]在这一趋势之下，外卖骑手作为外卖产业所催生出的新兴职业群体，其规模也在不断扩大。以美团外卖为例，新冠肺炎疫情暴发后，从2020年1月20日至3月30日，美团平台新注册且有收入的新增骑手达到45.78万人，骑手规模进一步扩大。[②]

对外卖骑手的研究正是在这一背景下兴起的。从知网文献数量来看，外卖骑手的研究从2015年开始少量出现，2018年以后才快速增多，近两年呈持续增长的趋势。

在已有的相关文献中，如果从研究视角和研究议题来进行划分，笔者以为可以分为三个主要的板块：关于劳资关系和劳动者权益保护的相关研究、关于新型劳动形态的理论建构，以及关于外卖员群体的调查研究。

1. 劳资关系和劳动者权益保护的相关研究

一些学者对部分地区外卖员劳动权益保护的现状进行了调查研究，如冯向楠和吴爽分别对北京和大连地区的外卖员进行了调查，发现外卖员群体普遍存在劳动关系不够明确、劳动权益得不到保障、

---

① 艾媒数据中心. 2011—2020年中国在线外卖市场规模[DB/OL].(2020-04-14)[2022-05-02].https://data.iimedia.cn/data-classification/detail/31026687.html.
② 中华人民共和国人力资源和社会保障部. 新职业——网约配送员就业景气现状分析报告[EB/OL].(2020-08-25)[2022-01-06]. http://www.mohrss.gov.cn/SYrlzyhshbzb/dongtaixinwen/buneiyaowen/rsxw/202009/t20200923_391259.html.

维权渠道不够通畅等问题。①② 对此，胡放之、汤慧等大部分学者主张从劳动法层面予以规制，保护劳动者合法权益，③④ 而袁文全和徐新鹏等另一些学者则更有见地，他们既看到了灵活雇佣关系不稳定、对劳动者不利等特点，也看到了这种雇佣方式对平台经济、共享经济和"互联网+"新业态等的发展的重要意义，因此主张在二者之间维持平衡，既要不阻碍共享经济发展，也要明确相关劳动关系的认定标准，维护劳动者合法权益，并提出了一些颇为实际的建议。⑤ 丁晓东持类似的观点，他提出要改变劳动关系成立与否与全无或全有劳动法责任之间的简单对应，转而对劳动法规制中的一系列细分责任进行功能性分析，细致地厘清何种网络平台应当负何种劳动法责任，从而在促进劳动力市场的良好运转与保护劳动者权益之间维持平衡。⑥

此外，还有部分学者专注于对外卖骑手等灵活就业人员的社会保障问题进行研究，如吕宣如认为只参加居民社保不能满足新业态从业者的需求，但其条件又不能达到参加职工社保的门槛。对此，他主张对新业态从业者的社会保障设置单列计划，以满足其现实需求。⑦ 匡亚林等运用利益相关者理论和米切尔评分法分析了为新业态灵活就业人员构建社会保障制度的利益相关者，并从完善相关法律

---

① 冯向楠：《北京地区外卖员劳动权益保障状况及影响因素研究》，《劳动保障世界》2018年第33期，第8—9页。
② 吴爽：《大连市网络外卖送餐员劳动权益保护对策研究》，大连理工大学，2018年。
③ 胡放之：《网约工劳动权益保障问题研究——基于湖北外卖骑手的调查》，《湖北社会科学》2019年第10期，第56—62页。
④ 汤慧：《"互联网+"新业态模式下外卖员劳动关系认定的法律研究》，《法制与社会》2019年第36期，第38—41页。
⑤ 袁文全、徐新鹏：《共享经济视阈下隐蔽雇佣关系的法律规制》，《政法论坛》2018年第36卷第1期，第119—130页。
⑥ 丁晓东：《平台革命、零工经济与劳动法的新思维》，《环球法律评论》2018年第40卷第4期，第87—98页。
⑦ 吕宣如：《新业态下灵活就业人员的社会保险制度研究》，华东师范大学，2019年。

法规和加强利益相关者的主体责任意识等方面提出了建议。[1]

2. 新型劳动形态的理论建构

这一方向研究的关注点在算法、大数据等互联网技术对平台骑手的劳动过程的介入和控制，以孙萍、陈龙和沈锦浩等人为代表。

孙萍探讨了算法逻辑下"数字劳动"的新特征，提出了算法的物质属性——算法作为一种媒介，将与平台相关的人和物紧紧地桥接在一起，[2]并形成了基于时间、空间、劳动权利等层面下的融合与对抗，[3]认为平台资本通过这种"时间套利"模式正在形塑新的时间秩序。[4]

陈龙同样认为"数字控制"是资本控制的一种新手段，通过收集、分析骑手的劳动数据并将数据结果反作用于骑手而重塑了劳动秩序，使其参与到对自身的管理过程中来。[5]同时，他还提出平台通过将配送工作游戏化来激发骑手在既有游戏规则之下自发竞争、"自发游戏"的可能性。[6]

沈锦浩从骑手的角度研究他们如何被"制造同意"的，他提出社会结构使骑手惯于妥协以及灵活、透明的外卖配送工作给骑手一定程度的满意感是主要原因。[7]同时，他还揭示了平台通过员工对其

---

[1] 匡亚林、梁晓林、张帆：《新业态灵活就业人员社会保障制度健全研究》，《学习与实践》2021年第1期，第93—104页。
[2] 孙萍：《"算法逻辑"下的数字劳动：一项对平台经济下外卖送餐员的研究》，《思想战线》2019年第45卷第6期，第50—57页。
[3] 孙萍：《如何理解算法的物质属性——基于平台经济和数字劳动的物质性研究》，《科学与社会》2019年第9卷第3期，第50—66页。
[4] 孙萍、陈玉洁：《"时间套利"与平台劳动：一项关于外卖配送的时间性研究》，《新视野》2021年第5期，第109—116页。
[5] 陈龙：《"数字控制"下的劳动秩序——外卖骑手的劳动控制研究》，《社会学研究》2020年第35卷第6期，第113—135、244页。
[6] 陈龙：《游戏、权力分配与技术：平台企业管理策略研究——以某外卖平台的骑手管理为例》，《中国人力资源开发》2020年第37卷第4期，第113—124页。
[7] 沈锦浩：《妥协与自主：外卖骑手劳动过程中的"制造同意"》，《工会理论研究(上海工会管理职业学院学报)》2020年第6期，第4—14页。

的依附机制促使劳动者将劳动规则内化，通过设置骑手内部的竞争机制削弱集体行动能力，以及通过顾客评分和远程申诉最大限度地减少反抗的可能性。①这一看法与陈龙既有相似之处，也有不同之处。

除上述三位学者之外，李胜蓝等也有相近的观点。②冯向楠和詹婧在强调人工智能技术强化了平台对骑手控制的同时，还提出骑手通过合理利用规则、主动合作与抗争、自主选择送餐路线和顺序、搭建"前后台"、寻找成就感与身份认知等方式减少平台的控制，维护自身的主体性。③

3. 外卖员群体的调查研究

关于外卖员群体本身的调查研究方向较为杂乱，不同学者的研究方向常常不同，研究方法也不尽相同，但其中亦有规律可循，笔者将其大致归为以下几类：

第一类是对外卖员群体的城市社会适应状况进行调研。这一研究方向脱胎于对农民工的社会适应研究，将外卖员群体看作新型农民工中的一个特殊群体来进行考察；④⑤第二类是对外卖骑手等群体的职业认同感和就业动机等方面进行的调研，发现外卖小哥的年龄、婚姻状况、每天工作时长、家人支持度等因素会影响其对自身职业

---

① 沈锦浩：《互联网技术与网约工抗争的消解———一项关于外卖行业用工模式的实证研究》，《电子政务》2021年第1期，第57—65页。
② 李胜蓝、江立华：《新型劳动时间控制与虚假自由——外卖骑手的劳动过程研究》，《社会学研究》2020年第35卷第6期，第91—112、243—244页。
③ 冯向楠、詹婧：《人工智能时代互联网平台劳动过程研究——以平台外卖骑手为例》，《社会发展研究》2019年第6卷第3期，第61—83、243页。
④ 赵莉、王蜜：《城市新兴职业青年农民工的社会适应——以北京外卖骑手为例》，《中国青年社会科学》2017年第36卷第2期，第50—57页。
⑤ 黄爱玲：《上海市外来人口的社会融入及其影响因素研究》，上海师范大学，2018年。

的认同，[1][2] 外卖员的择业动机可以分为生存型、发展型和享受型三种，[3] 大部分骑手是为了追求工作灵活性、经济收益，但事实上并未从工作中得到满足；[4] 第三类是对外卖员的媒介形象进行研究，发现外卖小哥有正面形象、负面形象及弱势群体形象等复杂的面貌；[5][6][7] 第四类是对外卖骑手的职业生存状况所做的调查研究，发现外卖员们在劳动过程中常常会主动延长自身劳动时间、选择隐忍以消解冲突，[8] 同时普遍面临职业发展不可持续、生活方式重复单调、社会角色边缘化等困境。[9][10]

除上述四种主要的研究方向外，不少学者还做出了较为独特的研究。如邢海燕和黄爱玲以个体化理论为视角，用民族志的研究方法对上海市外卖骑手进行了分析，认为选择外卖员工作既是骑手个体崛起的表现，也是他们被动个体化的体现；[11] 张凡等以计划行为理论为框架，用社会统计的方法分析外卖送餐员闯红灯的行为的影响

---

[1] 梁乃锋、姚镇城、黄伟锋、戴嘉俊、邓毅荣、江哲志：《外卖小哥群体社会职业认同影响因素及对策研究——基于广东惠州地区的调查》，《物流工程与管理》2020年第42卷第1期，第110—116页。

[2] 臧义茹：《共享经济平台就业者工作满意度及其影响因素研究——以南京市外卖员和网约车司机为例》，《就业与保障》2020年第3期，第72—73页。

[3] 易明：《北京市青年外卖送餐员的择业动机研究》，中国青年政治学院，2019年。

[4] 郑祁、张书琬、杨伟国：《零工经济中个体就业动机探析——以北京市外卖骑手为例》，《中国劳动关系学院学报》2020年第34卷第5期，第53—66页。

[5] 孜乃提古丽·克依木：《我国主流新闻网站报道中的外卖小哥媒介形象研究》，新疆大学，2019年。

[6] 王凝：《框架理论视域下的外卖员网络媒介形象研究》，大连理工大学，2021年。

[7] 张洛宁：《中国外卖员媒介形象的建构与变迁》，《传播力研究》2020年第4卷第7期，第28、31页。

[8] 李升、王晓宣、杨昊、许家庚：《利益诉求的表达与消解：一项关于"外卖小哥"劳动过程的调查研究》，《中国劳动关系学院学报》2019年第33卷第2期，第99—108页。

[9] 杜宜蔓：《外卖小哥从业状况的调查与分析——基于攀枝花市在线餐饮行业的数据》，《青年发展论坛》2019年第29卷第5期，第77—85页。

[10] 刘佳纯：《广州外卖送餐员职业生存现状调查研究》，华南理工大学，2020年。

[11] 邢海燕、黄爱玲：《上海外卖"骑手"个体化进程的民族志研究》，《中国青年研究》2017年第12期，第73—79页。

因素，发现骑手对闯红灯行为的评价态度是影响其行为意图的主要因素；[1]沈锦浩则对外卖骑手交通违法行为背后的深层原因进行了分析，认为是平台、商家和顾客等多个主体共同造成了外卖骑手的时间压迫；[2]金桥和赵君则通过对上海市外卖骑手的调查，探讨了其职业生活中制度脱嵌、传统脱嵌、组织脱嵌的结构性困境，并提出政策建议。[3]

（二）研究设计

1. 研究对象

本项研究的对象为"昆明市外卖员"。按照政府的行政区划，昆明市下辖七个区、一个县级市、三个县和三个自治县。[4]在这十四个下辖县（市）区中，五华区、盘龙区、官渡区、西山区和呈贡区被昆明市政府划为城市功能核心区。这五个区的七普常住人口均在60万以上，2021年地区生产总值均在500亿以上，远高于昆明市其他地区，且位于昆明市中心，笔者认为昆明市绝大部分外卖员都分布在这些区域，因此研究样本均来自这五个城市功能核心区的外卖员。

2. 研究内容

本项研究关注两个核心问题。

第一个问题是"昆明市外卖员是怎样一群人"，这个问题指向昆明市外卖员的群体特征，包括他们的户籍来源、性别、年龄、学历、婚姻家庭状况、工作年限、工作时长、收入水平等方面。

---

[1] 张凡、吕卉焘、沈小燕等：《计划行为理论下外卖配送员闯红灯行为研究》，《中国安全科学学报》2019年第29卷第5期，第1—6页。

[2] 沈锦浩：《外卖骑手交通违法行为的民族志研究》，《重庆交通大学学报（社会科学版）》2020年第20卷第2期，第29—35页。

[3] 金桥、赵君：《三重脱嵌：外卖骑手的结构性困境探究——基于上海671份问卷的调查分析》，《青年学报》2020年第3期，第77—84页。

[4] 昆明市下辖七个区为五华区、官渡区、盘龙区、西山区、呈贡区、晋宁区和东川区，下辖一个县级市为安宁市，下辖三个县为宜良县、嵩明县和富民县，下辖三个自治县为寻甸回族彝族自治县、禄劝彝族苗族自治县和石林彝族自治县。

第二个问题是"昆明市外卖员过怎样一种生活",包括入行与择业、工作过程、认同感与满意度等方面。

3. 研究方法

(1)定量研究方法

本项研究所使用的定量研究方法主要是问卷调查法。笔者于2022年4月7至15日间在昆明市官渡区、五华区、盘龙区、西山区和呈贡区五个核心区中,分别找到数个外卖员聚集较多的商圈,以这些场所为调查点通过偶遇抽样来选取样本,共收回问卷126份,有效问卷123份,其中官渡区33份,五华区25份,盘龙区23份,西山区25份,呈贡区17份。

(2)定性研究方法

为了解昆明市外卖员的生活状况,并对此做出适当的分析和解释,笔者采用半结构式访谈法与13位外卖员进行了交流,了解他们的择业考量、工作评价、工作过程等方面。因为外卖员工作的特殊性,笔者只与其中一位访谈对象事先预约了访谈时间和地点,其余访谈对象都是笔者在外卖员聚集的商圈通过目的性抽样与偶遇抽样相结合来选取样本,就地趁外卖员休息或等餐的时间进行的访谈。除其中4位访谈对象中途有事,访谈中止以外,其他外卖员的访谈过程都相对完整,访谈时长大多在半小时到一小时之间。

13位访谈对象的基本信息如下表:

表1 访谈对象基本信息表[①]

编号	性别	年龄	学历	婚姻状况	户籍所在地	当前工作种类	送外卖年限
A1	男	43	职高肄业	已婚	云南楚雄	美团众包	两个月
A2	男	24	初中	未婚	云南昭通	美团专送	一年

---

① A7、A9、A11、A12四位访谈对象中途有事,访谈中止,因而资料不全。

续表

编号	性别	年龄	学历	婚姻状况	户籍所在地	当前工作种类	送外卖年限
A3	男	23	大学本科	未婚	云南昭通	美团众包（兼职）	两年
A4	男	31	中专	已婚	云南普洱	蜂鸟专送	三年
A5	男	20	高中	未婚	云南楚雄	蜂鸟专送	二十天
A6	男	35	高中	已婚	广西柳州	蜂鸟优选	七个月
A7	女	未知	未知	未知	云南曲靖	美团乐跑	两三年
A8	男	25	高中肄业	未婚	云南昆明	美团专送	半年
A9	男	57	未知	未知	未知	美团众包	未知
A10	男	32	中专	已婚	云南玉溪	蜂鸟众包	两三年
A11	男	30多	初中	未知	云南大理	蜂鸟优选	一年多
A12	男	49	大专	已婚	云南昆明	美团乐跑	两年
A13	男	30	大专	已婚	云南昭通	美团专送	两个月

二、昆明市外卖员群体概述

（一）外卖员群体特征

1. 个人身份特征

从性别来看，123个样本中男性有120人，占比97.56%，女性只有3人，占比2.44%。这与我们日常生活的经验较为吻合，女性在外卖员群体中相当少见。

从年龄来看，18到25岁的外卖员数量最多，占比35.77%，26到30岁次之，占比32.52%，31到40岁再次之，占比24.39%，41岁及以上的最少，只占7.32%。从这组数据中可以看出外卖员年轻化的趋势非常明显。

从学历来看，52.85%的昆明市外卖员学历为高中（职高、中专或技校），学历为"初中及以下"和"大专及以上"的外卖员相对较少，占比分别为29.27%和17.89%。尽管整体来看，昆明市外卖员普遍学历不高，高中及以下学历占比达80%以上，但仍有将近五分之一的外卖员学历在大专及以上。这一比例与美团研究院《2019年及2020年疫情期间美团骑手就业报告》中的数据相当。[①]

从户籍来看，85.37%的外卖员户籍所在地为云南，来自其他省市的外卖员只有14.63%。在来自云南省内的外卖员中，户籍所在地为昆明市的超过一半，占54.37%，来自曲靖市的外卖员也较多，占17.48%，其他州市的外卖员占比较少，除楚雄州为5.83%外，其余都在4%以下。而在来自外省的外卖员中，户籍所在地为贵州、四川、重庆三个省市的外卖员占比达50%，其他省市则相对较少。这个结果显示了地域对于人口流动的巨大影响。

2. 工作状况

在工作年限方面，送外卖不足一年的外卖员占比最高，达39.02%，已经工作一到两年的次之，占比为35.77%，工作3到4年的再次，占比为20.33%，工作5年及以上的最少，只有4.88%。从这组数据我们可以看出，外卖行业新人占比很高，工作两年及以下的占70%以上，这在一定程度上反映出外卖员职业群体的高度不稳定性和流动性。

在工作时长方面，调查数据显示，昆明市86.18%的外卖员平均日工作时长在8小时以上，其中43.09%的外卖员平均日工作时长在10小时以上，还有16.26%的外卖员工作时长在12小时以上。工作时间在8小时以下的只有9.76%，还有4.07%的外卖员因为兼职工作

---

① 美团研究院. 2019年及2020年疫情期间美团骑手就业报告[DB/OL].(2020-03-10)[2022-05-02]. https://mri.meituan.com/research/report.

时长不确定。

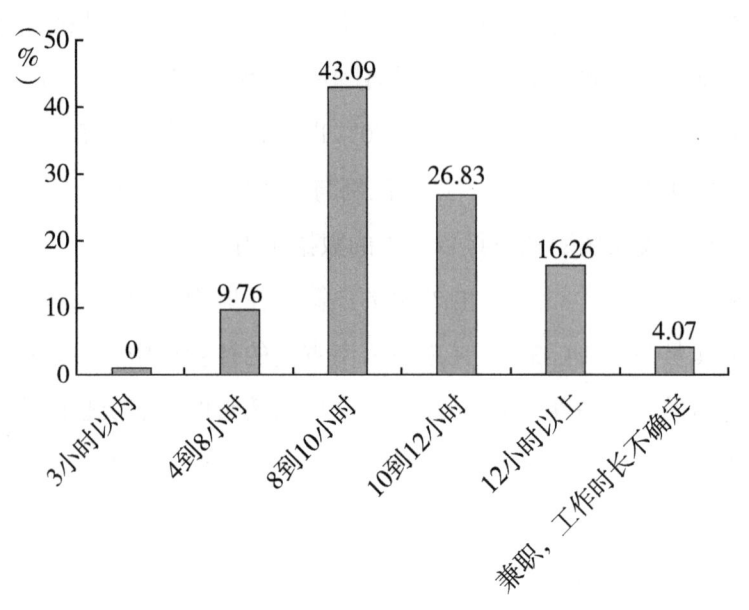

图 1 外卖骑手平均日工作时长

这一数据与美团研究院报告中所声称的 58.8% 的美团骑手平均每天配送时间低于 4 小时有巨大的差异。① 对此，笔者猜测，部分原因可能是美团研究院的数据包括了较多的兼职骑手，而在本项研究中，这些兼职骑手因工作时间较短所以被调查员偶遇抽取为样本的概率更低，因而在调查数据中隐没了。当然，尽管可以作此解释，但这仍然让人不得不怀疑美团研究院是否刻意美化了骑手的工作状况。相比之下，冯向楠对北京市外卖骑手的调查发现，88.12% 的受访骑手每天工作 8 小时以上，甚至有 22.77% 的受访骑手每天工作 12 小时以上；② 胡放之对湖北外卖骑手的调查也发现，骑手工作达 8 小

---

① 美团研究院. 2019 年及 2020 年疫情期间美团骑手就业报告 [DB/OL].(2020-03-10)[2022-05-02]. https://mri.meituan.com/research/report.

② 冯向楠、詹婧：《人工智能时代互联网平台劳动过程研究——以平台外卖骑手为例》，《社会发展研究》2019 年第 6 卷第 3 期，第 61—83、243 页。

时以上者占87.4%，工作12小时以上的为5.5%。[①]这两组数据与本项调查的结果无疑更为接近。

与较长的平均日工作时间相关联的是，除8.13%的骑手因为兼职，休息天数不确定之外，62.60%的外卖骑手平均每月休息两天以内，其中还有19.50%的外卖骑手从不休息。休息三到五天的骑手占比为28.46%。

最后，从骑手们的收入来看，调查数据显示，月入8000元以上的较高收入群体只占17.89%，工资在5000到8000元之间的最多，占42.28%，在2000到5000元之间的有31.71%，2000元以下的很少，只有3.25%，另有4.88%的骑手因为兼职所以收入不稳定。

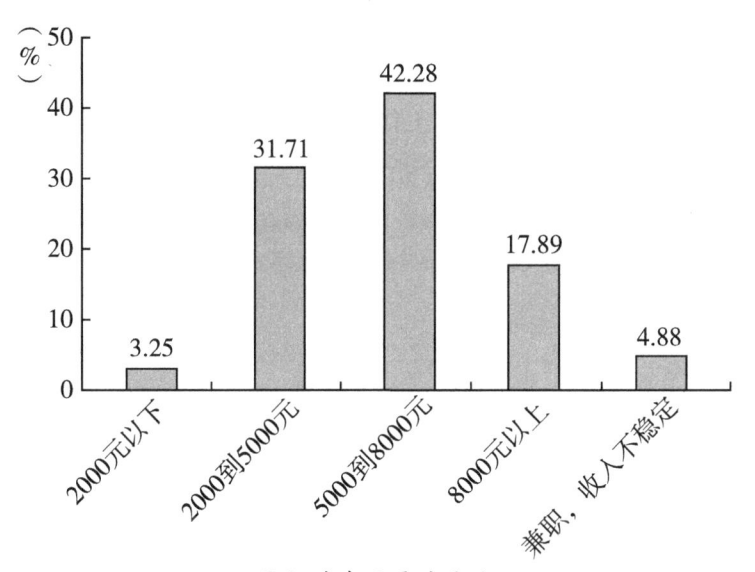

图2 外卖员平均月收入

如果忽略本项调查数据中兼职收入不稳定的骑手，仅从剩余骑手来看，假如以每一收入区间的组中值为该区间骑手的平均收入（8000元以上按8000元计），调整各收入区间的占比权重，计算可得昆明市外卖骑手的平均工资约为5594.78元。而据昆明市统计局

[①] 胡放之：《网约工劳动权益保障问题研究——基于湖北外卖骑手的调查》，《湖北社会科学》2019年第10期，第56—62页。

公布的数据，2020年昆明市城镇非私营单位就业人员年平均工资为98751元（折合月工资8229.25元），城镇私营单位就业人员年平均工资为50686元（折合月工资约4223.83元）。[①][②] 通过横向对比，我们可以发现，外卖骑手的平均工资略高于昆明市城镇私营单位的就业人员，但低于城镇非私营单位的就业人员。如果与国家统计局公布的2020年全国城镇单位就业人员年均工资97379元（折合月均工资约8114.92元）相比，外卖员平均收入同样要低一些。[③] 但总体来看，昆明市外卖员的平均收入已经超过5000元，大致处于中等收入水平。

（二）外卖员群体收入分析

1. 工作年限、时长与收入

通过对工作年限、平均日工作时长与平均月收入之间分别进行交叉分析，笔者绘制出如下两个折线图：

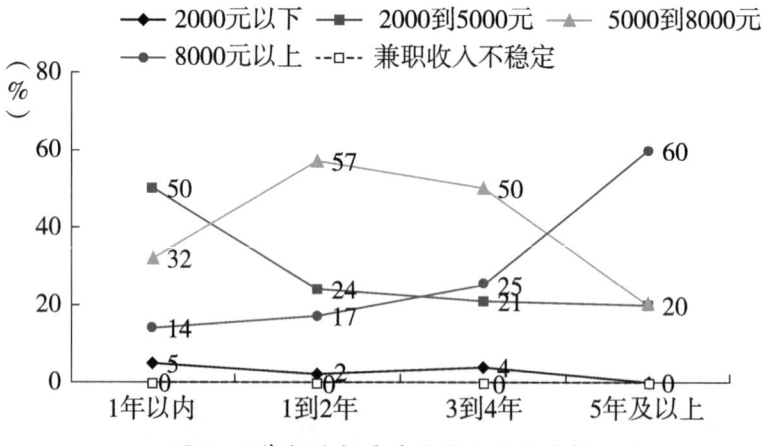

图3 工作年限与平均月收入交叉分析

---

① 昆明市统计局. 2020年昆明市城镇单位就业人员平均工资[DB/OL].(2021-06-09)[2022-05-02]. http://tjj.km.gov.cn/c/2021-06-09/3972089.shtml

② 据昆明市统计局公示，平均工资计算口径为税前工资，包括单位从个人工资中直接为其代扣或代缴的个人所得税、社会保险基金和住房公积金等个人缴纳部分，以及房费、水电费等。

③ 国家统计局. 2020年城镇单位就业人员平均工资[DB/OL].[2022-05-02]. https://data.stats.gov.cn/easyquery.htm?cn=C01

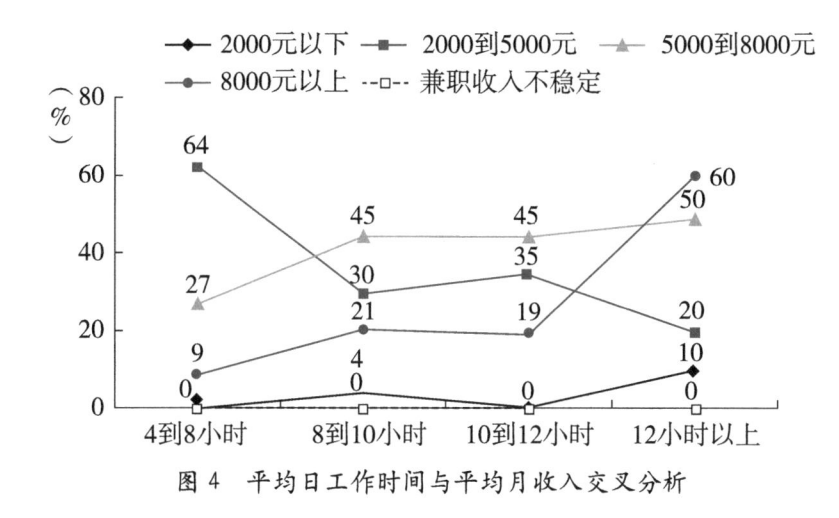

图4 平均日工作时间与平均月收入交叉分析

从图3我们可以看到，随着工作年限的增加，收入在"2000元以下"和"2000到5000元"的占比逐渐减小，收入"5000到8000元"的占比先增大后减小，而收入在"8000元以上"的占比则持续增加。总体来看，随着工作年限的增加，外卖骑手收入逐渐提高。

从图4中我们可以看到，随着工作时间的延长，月薪在"5000到8000元"和"8000元以上"的高收入者占比越来越大，而月薪在"2000元以下"和"2000到5000元"的低收入者占比越来越小。这与社会上广泛宣扬的外卖骑手多劳多得的观点大致相吻合。但是，我们从图4中还可以发现，在工作时间提高到8小时之后，虽然高收入者比例随着工作时间的延长有些许增长，但工资在"8000元以上"的占比增长却几乎停滞，这可能预示了外卖员工作的上限：以当前的配送总需求和骑手总数量而言，外卖工作只能供养少数精英外卖员月收入达到8000元以上，其他外卖骑手通过延长工作时间，最多可以把工资提高到5000到8000元之间，之后就算继续延长工作时间，也会面临边际效应递减的限制，难以继续增加收入。这也是外卖骑手间竞争关系的另一表现。

2. 学历与收入

图例：
◆ 2000元以下　■ 2000到5000元　▲ 5000到8000元
● 8000元以上　--□-- 兼职收入不稳定

学历	2000元以下	2000到5000元	5000到8000元	8000元以上
初中及以下	—	35	44	15
高中（职高、中专、技校）	2	33	44	21
大专及以上	5	30	45	20

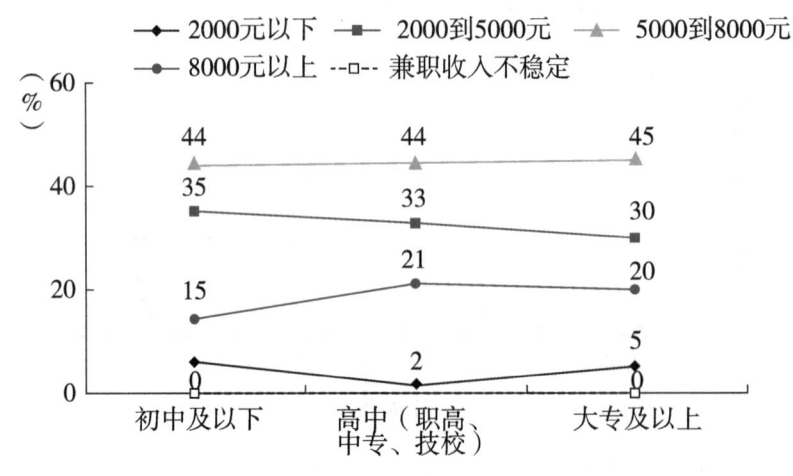

图 5　学历与收入的交叉分析折线图

对外卖员的学历与收入之间的关系进行分析可以发现，从初中及以下到高中阶段，随着学历的提高，外卖员中高收入者的比例有小幅上升，低收入者的比例有小幅下降。但当学历从高中提高到大专及以上时，外卖员中高收入者的比例基本保持不变，低收入者的比例同样基本保持不变。总体来说，学历越高，外卖员的平均收入会有少许提高，但总体而言变化不大，同时学历对外卖员收入的增加似乎同样存在边际效应递减。

三、外卖员职业流动：出于理性选择的入职与离职

（一）外卖员的入职原因

通过与13位昆明市外卖员进行访谈（部分外卖员访谈不完整），笔者发现，外卖员们之所以选择这份工作，主要是由个人生活境况、工作市场状况和外卖工作特点三个方面的因素综合作用而做出的决定。个人生活境况和工作市场状况是外卖员最初择业的出发点，外

卖员工作的某些特点又恰好能满足个体的主要需求，因此他们选择了这份职业。

以科尔曼和贝克尔为代表的理性选择理论中"理性人"的假设能帮助我们更好地理解外卖员的入职原因。科尔曼等人的"理性人"假设主张"对于行动者而言，不同的行动（在某些情况下是不同的商品）有不同的'效益'，而行动者的行动原则可以表述为最大限度地获取效益"，行动者依据这一原则在不同行动或事物之间进行选择。①科尔曼等人所指的"理性"（或有目的性）与"效益"并不局限于狭窄的经济含义，因为在现实生活中，人们的理性行动不仅仅是追求经济效益，而且还包括社会的（如团结）、文化的（如道德规范）、情感的（如友谊）、政治的（如权威）等目的。②

外卖员们之所以选择这一工作，正是基于其个人生活境况与工作市场状况而做出的个人效益最大化的选择。下面，笔者将从这两个方面来详细阐述外卖员的入职原因。

1. 个人生活境况的原因

> 开的店亏了，亏了以后就送外卖还账。都亏了，没法还了，就开始送外卖了。这个工作稍微自由一点，工资也挺高。（A4）
>
> 之前是做物业，家里面有事情，请长假请不到，辞职了就得重新找工作嘛，（另）一个是时间灵活，因为家里面如果有啥特殊情况，随时都可以回去。（A1）
>
> 做其他的副业，一是没有资本去做其他副业，二是做美团送单的话比较自由，众包没有任何限制，有时间的话你就可以

---

① 詹姆斯·S. 科尔曼：《社会理论的基础》（上），邓方译，北京：社会科学文献出版社，1999年，第18页。
② 杨善华、谢立中：《西方社会学理论》（下卷），北京：北京大学出版社，2006年，第3页。

去跑,不想跑的时候你就可以不跑了。(A3)

从上面的例子可以看到,影响外卖员择业的个人生活境况因素主要包括事务负担和经济压力。

事务负担分为家庭事务负担和工作事务负担。家庭事务负担主要出现在中年外卖员身上,因为他们常常上有老下有小,需要操心更多家庭事务,尤其是照顾老人、陪伴子女等。工作事务负担则主要是兼职外卖员们才有的负担,因为他们必须首先完成主职工作,在空闲时间里才能兼职。对于这些事务负担较重的人来说,外卖员工作的高自由度可以满足他们的需求。

经济压力的类型不尽相同,主要是由于个人欠债、收入不足或急用钱等等,外卖员工作具有门槛低、收入上限较高、工资支付周期短等特点,可以满足他们的需求。

2. 工作市场状况的原因

收入也比打工工资要高吧,像我跑这个最低也差不多要到5000块,你进工厂平时也就三四千,而且时间比这个长多了,都差不多十多个小时。(A11)

外卖这个嘛多劳多得,工资按时发放。就是说我之前做工地的时候属于那种工资被拖欠,一直被人拖着,有时候拖到过年人家都不付那个工钱给你。(A8)

就是前两年做生意嘛,做了亏了嘛,像我现在,我负债100多万,负着债你做什么也做不成,做生意做什么都不好做。(A12)

从上面的例子我们可以看出,影响外卖员择业的工作市场状况因素主要包括工作条件和工作机会。一些外卖员在有限的工作机会中，通过对比，认为其他工作条件不够好，如工资低、工作辛苦、工资常常被拖欠等等，相比之下外卖员这份工作收入上限较高、工作自由度高等特点更让他们满意，因而选择这份工作。

需要特别说明的是，笔者从上述两方面分别进行说明，只是为了叙述的方便。事实上，不少外卖员所面临的真实情况常常复杂至极，个人生活境况和工作市场状况往往紧密地交织在一起。那些主要因为个人生活境况而选择送外卖的人，其实无一不同样受到工作市场状况的影响，而那些主要因为工作市场状况而选择送外卖的人，也无一不受个人生活境况的影响。外卖员们之所以选择这一工作，是基于其个人生活境况与工作市场状况而做出的个人效益最大化的综合考量，甚至可能还有其他潜在因素的影响，我们在分析外卖员的选择和行为时不能忘记这种复杂性。

（二）计划中的离职

与入职相仿，外卖员何时选择离职同样是基于个人生活境况和工作市场状况而做出的理性选择。几乎没有外卖员认为这份工作是长久之计。

> 原先不是听说跑外卖能跑到钱嘛，最少也能跑到七八千。现在亲自实行了两个月，彻底没信心了。做不了，我已经两个月出来一分钱没有打回去。（A1）

> 就是你说如果不差账，不是为了生活，谁都不想这样风吹日晒地挣这点钱，（等）赔完钱我就转行了。当然是自主择业了，开店啊，个体户这样。（A4）

> 想要换工作啊，但是找不到合适的工作。因为这个现在要接送孩子上学，之前的话我有朋友去介绍去开车的，关键是去

不了，要等孩子再大一点才好换工作。（A10）

换工作有想过嘛，想换工资更高的工作，但是自己没有什么知识水平，就只能走一步看一步了。我们书读得少，这方面根本没有什么方向。（A8）

从上述材料中我们可以看到，大多数外卖员只是把送外卖这份工作当作过渡性的工作，甚至早在入行之初就抱定了离职的打算。外卖员的工作于他们来说，只是还债的捷径、应急的手段、积攒个人资本的方式、家庭负累之下的无奈，抑或是找不到更好工作时的退路。当过渡期结束之后，外卖员工作来钱快、自由度高等特点不再是他们的必需品，这份工作缺乏保障、危险性高、发展空间小等缺点反而越发显现出来。大体来说，那些因经济压力或事务负担而选择送外卖维生的人，也会因为经济压力和事务负担的消失而离职，或者因为发现送外卖并不能帮助其应对经济压力和事务负担而离职；那些因为其他工作条件不好或没有其他工作机会而入职的人，也会因为找到其他更好的工作而离职。而如果上述条件没有满足，他们就会仍倾向于维持现状。

（三）余论

1. 社会网络与工作选择

笔者从访谈资料中同样发现，在外卖员们进行职业选择的过程中，不仅仅是其自身的理性在发挥作用，社会关系网络所起到的潜在作用同样不可忽略。有相当一部分外卖员不管是入职还是离职他们的社会关系网络都起到了信息传递和桥梁的作用。

朋友介绍做的这个，他做的也是众包，他做了两年多吧，

然后他发了一个链接给我嘛，我就下了这个（APP）。（A1）

之前的话我有朋友介绍去开车的，但是时间不自由，有些时候会跑得比较远，就是跑长途的那种。去是想去，关键是去不了，要等孩子再大一点才好换工作。（A10）

我们可以看到，上述几位外卖员之所以选择这个行业或者计划离开这个行业，固然是他们自己在权衡利弊之后理性选择的结果，但社会关系网络在其中也起到了信息媒介和引导的作用，在一定程度上影响着外卖员们的工作选择。

2. 外卖员工作过程中的理性选择

外卖员作为"理性人"，不仅在择业上会进行理性选择，在工作过程中也会进行理性选择。下面是一些例证：

帮送和普通外卖单难度都差不多，但帮送价格好像比外卖单要高一点，所以我还喜欢跑腿。（A1）

抢单你要看取餐距离的，不可能你空着车冲过去五六公里，拿个东西再去送，浪费时间。（A10）

抢单肯定第一个是要顺路，第二个看着要好送一点，比如说送这个商铺一楼肯定是个个都喜欢送啊。你说送高楼写字楼那些，等电梯都要等半天，是不是？（A11）

上述几则材料表现了外卖员在工作时间、接单类型以及接单偏好等方面的理性选择。我们可以看到，在工作过程中，外卖员们所秉持的主要是经济理性，即在最短的时间内花费最小的成本接到价值最高的单。在这一目的的驱动下，外卖员在工作时间的分配上、接单类型的选择上乃至接单地点的选择上都表现出相当程度的理性，以求谋得最大的经济效益。

但外卖员们在工作过程中所秉持的又不单单是经济理性：

> 这种大件价钱高是高，但弄不了啊，危险啊，就像我们看到那么大的东西果断就不接嘛，扣10块钱，我果断就取消掉了嘛，我不挣这个钱，拿不了啊！（A1）
>
> 我还看到一个新闻，一个外卖员猝死在电梯里面，那就跑得太累了。我觉得他也是的，不就扣点钱嘛，感觉累得不行了嘛，你再派我下线我关掉了，干不了就不干了。（A1）

从上述两段话中我们可以看到，即使外卖员工作过程中最主要的目的是获得更大的经济效益，但这种经济理性并不占绝对的主导地位，当经济收入与安全相冲突时，外卖员们会把二者都作为自己的目的和追求，从而实现一种复合型的理性选择，而不单单考虑经济效益。这一点我们将会在下一章里外卖员对工作危险性的认知部分中更详尽地探讨。

四、昆明市外卖员的工作评价

（一）关于"自由"的探讨

几乎每一位外卖员在谈到这份工作时，都会说这份工作是"自由"的，且偏好于这种"自由"。但事实上，笔者发现，不同外卖员所谓的"自由"其实不尽相同。

首先，专送骑手所谓的"自由"是何种意义上的自由呢？下面几段访谈记录可以给我们启发：

因为这个只要你自己不犯错的话也还是很自由的，来单的话你第一时间接单就可以了，在它工作时间内送到就可以了，也不一定非要立刻就去送。（A2）

我感觉有点不人性化。比如说他讲的恶劣天气不允许休息请假，是人嘛都会有些鸡毛蒜皮的事，我确实是有事是吧，他也不让休息。我觉得这个很不人性化。（A13）

从这几段访谈记录中我们可以看出，专送骑手所谓的"自由"是有限制的自由，主要包括两个方面：第一个方面正如 A2 所说，是工作过程中的相对自由。即只要遵守系统的规则，及时接单并在规定时间内把单送到，那剩余的何时去送、怎样去送以及没单的时候在哪里、做什么就是骑手自己能够掌控的"自由"。第二个方面则是工作时间上的相对自由。这种自由的前提同样是遵守系统的规则，就是说，在系统规定的必须要在线的时间段内，比如恶劣天气时以及每天的最少工作时段内，骑手必须工作。而除系统规定以外的剩余的时间里，骑手可以自行选择是否工作以及工作多久。这种工作时间上的相对自由其实与骑手工资上"多劳多得"的叙事路径相通。

而众包骑手所谓的"自由"与专送骑手并不相同：

做美团送单的话它比较自由，众包没有任何限制，有时间的话你就可以去跑，不想跑的时候你就可以不跑了。自由嘛，众包的话就是自由，没有任何限制。（A3）

（外卖）好处嘛比较自由一点，你要回家的话你可以收收车你就回去了，你不用向任何人汇报，特别是众包，你想走就走，想回来就回来。（A10）

我们可以发现，众包骑手所谓的"自由"与专送骑手相比，更接近一种完全意义上的绝对自由。专送骑手一般情况下系统派单就必须接单（特殊情况下可以转单），而众包骑手可以自由决定是否接单（但是一定程度上会影响后续系统派单量）并可以自主抢单；专送骑手必须跑完系统规定的最低时段，而众包骑手可以完全自主决定自己的工作时间；专送骑手必须穿工服、备好装备，而众包骑手却不受严格的限制。这种极高的自由度也是很多外卖骑手选择做众包的原因。

比较完专送骑手与众包骑手之间"自由"的差异，还有一种与众不同的"自由"值得重点探讨：

> 之前是做物业，家里面有事情，请长假请不到，辞职了就得重新找工作嘛。（这个工作）一个是时间灵活，因为家里面如果有啥特殊情况，你随时都可以回去。（A1）

> 因为这个现在要接送孩子上学，必须得有人管，孩子的话你不接送他上学不行。你要找个上班时间要跟孩子上学和放学的时候错得开的。（A10）

A1和A10两位访谈对象都是人到中年的男性外卖骑手，都是众包骑手，家中也都有老人和小孩，他们的境遇颇有些相似之处，即他们选择做众包骑手的原因之一都是为了便于承担家庭事务、照顾家人和子女。笔者以为这些相似处境的中年外卖骑手似乎尚未得到应有的注意。一段时间以来，学界对外卖骑手的关注主要在青年骑手身上，对于骑手们所普遍追求的工作自由也往往偏向于将其解释为个体崛起以及个体化趋势的表现。[1]但事实上，对这些中年男性外卖骑手来说，他们之所以偏爱于外卖骑手工作的自由度，恰恰不是个体化趋势的表现，而是一种为了家庭和家人而做出的集体主义的牺牲。仅从工作来看，外卖骑手的工作的确使他们个体化了，但从生活和家庭来看，这一过程其实是个人更深地嵌入了家庭结构之中。这种名为个体化实则是家庭化，或者说是工作领域个体化与生活领域家庭化的二律背反，笔者以为应该得到更进一步的关注和探讨。

（二）对于工作危险性的认知及自我调适

基于大量的新闻报道及生活经验，我们通常认为外卖员的工作具有较高的危险性，而外卖员们大多同样也抱有这种认识。对于这种难以避免和消除的危险性，外卖员也会找到一些办法进行自我调适，以尽可能降低这种风险。

1. 对于外卖员工作危险性的认知

> 我觉得在服务行业来说，外卖骑手这个行业危险程度算高的了，因为每天跟各种车辆赛跑，危险系数还是高的。（A3）
>
> （超速）经常性嘛，照他那个规定，一天送下来扣钱都全部扣完了，（逆行）逼不得已，你绕的话百分之百的超时。昨天早上我就被抓了，因为逆行。（A1）

我们可以看到，外卖员对自身工作危险性的认知主要有两个维度，一是从外卖员本身的工作性质来认知，不少外卖员认为这份工作的性质本身就决定了他们要不断地在路上跑，跟各种车辆打交道，

---

[1] 邢海燕、黄爱玲：《上海外卖"骑手"个体化进程的民族志研究》，《中国青年研究》2017年第12期，第73—79页。

因而遇到交通事故的风险比较高；二是从外卖送餐的时间限制来认知，外卖送餐严格的时间限制给了骑手较大压力，在时间紧急的情况下会迫使外卖员为了避免超时所带来的惩罚而超速、逆行，甚至会闯红灯，从而就产生了更高的风险。

2. 外卖员降低工作风险的自我调适

配送时间，像我的话，对我来说我算是一个老骑手了，他给的这个配送时间是可以的。（违反交通规则）有，有一部分。闯红灯这个，闯的少。（A8）

（快超时违反交通规则）一般不会，我们送习惯了，像超时啊这些，只要顾客不出现大的偏差是不可能超时的。（A10）

会闯黄灯，就是绿灯要亮的前那几秒，绿灯刚灭的时候不敢冲，万一你冲过去哗的一下被撞到，一个单几块钱你把命搭里面不划算。（A2）

闯红灯的话，是到晚上的时候有车特别少的时候，那个时候反正也没车，就走了嘛。然后白天的话基本上不会，因为还是车流量太大了，还是要以生命为重。（A4）

在实际的工作过程中，外卖员们在自觉或不自觉的情况下发展出了两种主要的自我调适方法，一种是通过增加工作经验提升送餐的熟练度，尽可能避免面临超时的压力，从而降低交通违规的可能性；另一种则是通过强化自身的安全意识，尽可能少违规或不违规或有条件地违规，从而降低工作过程中的危险。

五、外卖员工作过程中的职业互动

外卖员工作过程中的三个环节分别是接单、取餐、送餐。在接单、取餐和送餐过程中，外卖员会接触到四个相关的主体，分别为平台、商家、顾客以及只有专送骑手才会接触到的站点。

（一）骑手与商家之间

骑手在与商家互动过程中遇到的最主要的问题就是商家卡餐：

只要商家出餐不是很慢那种，一般都是不会有什么交流的。出餐慢的话你会催一下他，其他几乎没什么交流。（A3）

你说你起冲突也解决不了事情，那你就按APP那个操作嘛，等多少分钟不出餐你报备就行。给你延长时间，然后就先把其他单送了，回来，再把它的单正常再送。（A6）

（商家）太过分的会有一点争执，大家有时候都互相理解一点，实在搞不了，只能取消了，因为别的单子我要背四五个单，这时候就只能取消。（A4）

在骑手与商家交流的过程中，出现的最主要的问题就是商家卡餐，亦即商家出餐太慢。对此，骑手们主要的应对方法首先是口头催餐，催促商家快一点。其次是可以在骑手APP上进行报备（需满足一定条件），如果报备成功，系统会自动为该订单延长一定的配送时间。如果商家堂食或订单量过多，骑手们还会灵活选择先配送其他订单，把这一单推后或直接转单或取消订单。当然，这会受到一定的惩罚。

尽管按照系统规则，外卖骑手可以评价商家，商家也可以评价外卖骑手，但骑手和商家都极少行使这种评价权，因为这种评价权对骑手和商家几乎都无关痛痒，并不能影响到他们的实际利益。外卖平台面向的终究还是顾客，只有顾客的评价才是真正有效的评价。

（二）骑手与站点之间

对于专送骑手来说，因为他们常驻在某一个区域接单，与该区域内的商家接触更多，如果有部分商家经常性地出餐慢，会对整个站点造成一定程度的负面影响。他们解决这种问题的措施是：

> 办法就是我们这边站长或者组长会找他谈嘛，美团商家如果长期这样不改的话，就不会让他加入美团的，会把他踢出去。（A2）

从这段话中我们可以看到，在骑手和部分经常性出餐慢的商家之间发生矛盾时，美团站点会代替骑手出面跟商家交涉，以保证骑手们能够进行正常配送。同时，美团平台对这些问题商家的处罚和排斥，其实保证了商家和骑手之间整体关系的融洽与配合默契，为外卖配送工作的顺利运行奠定了基础。

> 只要你发生自己解决不了的问题，都可以打电话回站点，然后站点要么就是站长来，要么就是组长来。只要是有什么不懂的都可以打电话给站点。（A2）

站点方面不仅仅负责管理骑手，还要为专送骑手的工作过程保驾护航，而其背后则是二者紧密的利益关联。据访谈对象A2透露：

> 我们差评的话虽然不扣钱,但是会影响你拿奖励,站点跟个人都受影响。

据笔者了解,对骑手个人而言,差评会降低专送骑手的服务星级分,星级高的骑手每单都有额外奖励,最高六星级每单加 0.57 元。同时,对站点来说,差评也会影响站点的星级,而站点的星级则会影响站长和组长等管理层的工资。

> 每个站点都有站长有组长嘛,他每个月看你站点星级这些,如果星级高的话差不多能拿 3000 多块钱,就是额外有 3000 多块钱的补贴嘛。我们那个是全昆明所有站点比的,就算你是倒数第一保底也有 1000 多块钱。(A2)

正因为专送骑手与美团站点之间一荣俱荣,一损俱损,有着共同的利益诉求,降低差评率和违规率也是二者共同的目标,所以美团站点也才会竭尽所能地帮扶骑手。

但还必须说明的是,尽管专送骑手与美团站点之间在减少差评和异常单方面有着共同的诉求,是利益共同体,但这并不意味着二者在其他方面没有矛盾和冲突。

一位访谈对象之外的外卖员曾向笔者吐槽:"这个我最讨厌的就是专送,我刚开始进去,第一个月跟我说单价六块,第二个月就开始降了,降到四块三。"这位外卖员还说:"专送一天把你时间卡得死死的,想休息,说好的一个星期一天,真正跟他请假就是不同意,坑死了。"

访谈对象 A13 也说:

> 我觉得美团很坑的是什么，就是装备太贵了。一个头盔，一个衣服，一个箱子，339，其实你可以不要他的，自己买，只要穿的跟这一样就行了。（A13）
>
> 有时候比如说恶劣天气我不是说我不上班，或者说什么，我确实是有事是吧，他也不让休息。我觉得这个很不人性化。（A13）

这些话表明了专送骑手与美团站点之间在薪酬计算与发放、日常管理等方面可能存在的矛盾与冲突。这些矛盾与冲突还可能进一步持续发展下去，如访谈对象A10曾透露：

> 有些时候（骑手）对某些站点不满意，出来了之后就通过恶意差评报复那个站点，因为这个差评啊投诉啊这些的话，它跟站点站长的工资是直接挂钩的。（A10）

由此可见，专送骑手与站点之间一方面既是同舟共济、休戚相关的利益共同体，另一方面也会存在管理者与被管理者之间普遍存在的矛盾乃至斗争，二者之间的关系具有二重性。

（三）骑手与顾客之间

与骑手和商家之间的互动相比，骑手和顾客之间的互动会遇到更多的问题。笔者通过整理访谈资料发现，主要存在顾客坚决要求送餐上门、顾客反映没收到餐、顾客无理要求或无理由差评等三种问题。

> 绝大多数顾客还可以，就是百分之十的，很难沟通的，比

如现在疫情期间他物业的保安不让你送上去，顾客必须让你送上去。（A1）

还有就是那种他骗你餐的，你把餐送给他了，他说他没收到，然后又叫你赔他钱。这种还是很多的，我都遇到两三个了。（A2）

顾客太刁的话，要求太过分的话会有矛盾。你简单一点带什么烟啊带个什么小点的东西可以，太过分了不行。只是说能接受的尽量接受，实在不行就申诉免责。（A4）

虽然顾客对骑手掌握着评价权，并且这种权力关系到骑手在金钱及其他方面受到的奖惩，但这种评价权并不是无限制的权力。对于顾客给出的差评，平台方面会进行核查，为受到不实差评的骑手免责。同时，骑手还可以自行提起申诉，只要保留相关证据（照片、聊天记录及通话录音等），且的确有按系统的要求进行操作，一般可以申诉成功，免除惩罚。

（四）骑手与平台之间

从上述骑手与商家、顾客之间互动来看，当问题发生时，外卖员们通常首先试图通过自我调适来解决问题，比如对顾客的要求尽可能忍耐并接受，对顾客的不理解进行耐心的解释等等。但是当他们的努力没有得到良好的效果时，系统的规则就成了外卖员们维护自身利益最后也是最关键的武器。

从结果来看，骑手们在已经遵守配送要求的情况下可以通过系统自动免责或者申诉免责来维护自身的正当权益，且大多数时候能够成功。外卖平台也凭此赢得了一些骑手对申诉规则的信赖。从这个角度看，外卖平台在事实上似乎扮演着骑手们的保护伞的角色，但外卖平台的这种温情和慈善并不能掩盖其实质上与外卖骑手们之间权力和地位的巨大不平等。因为当系统的判定不支持骑手们的利益时（这种情况时有发生），他们常常毫无办法。平台及系统对骑手具有最终的裁判权，而骑手只能服从于这种权力。

除了这种完全的裁判权以外，平台及系统还对骑手拥有许多过分的权力，如单方面的单价定价权、账号封禁权等等，还会强制扣款给骑手买保险，骑手们认为每天三块钱的保险费太坑，保险费过高却很少用到，即使真的发生意外时报销的流程和所需要的材料过于繁杂，结果也不尽如人意。如此种种，都显示了骑手们相对平台而言所处的绝对弱势地位。

因此，总的来看，骑手们与平台之间的互动关系其实是一种单向的关系，平台拥有制定规则及裁判的权力，单方面主宰着其与骑手之间的关系。当平台选择温情与慈善，选择保护骑手的利益时，它就成了骑手的保护伞；而当平台选择冷酷与残暴，选择剥削骑手的价值时，它就成了骑手的压迫者。平台对骑手几乎可以说是握有"生杀予夺"的权力，而骑手对此基本上只能听之任之。

六、总结

在本文的绪论部分，笔者就提出本项研究所关注的两个核心问题是："昆明市外卖员是怎样一群人"以及"昆明市外卖员过怎样一种生活"。行文至此，笔者将尝试在总结全文的基础上对这两个问题做出初步的回答。

昆明市外卖员是怎样一群人？

首先，从个人身份特征来看，昆明市外卖员是一群以男性为主（占比97%以上），年轻人较多（近70%的外卖员在30岁以下），学历普遍不高（高中及以下学历占80%以上）的一群人，他们大多来自昆明及其附近地区。

其次，从工作状况来看，昆明市外卖员工作年限普遍不久（工作两年及以下占比70%以上），平均日工作时间过长（工作8小时以上的占比86.18%，10小时以上的占比43.09%，12小时以上的占比16.26%），同时平均月休息天数较少（超六成骑手每月仅休息两天以内）。尽管外卖员工作如此辛苦，他们的收入却不高，月收入8000元以上的不足五分之一，平均收入在5000元左右。

对昆明市外卖员的收入进行相关分析，笔者还发现：工作年限越久的外卖员收入越高；平均日工作时长越长的外卖员收入也越高，但存在边际递减效应，即使持续增加工作时长，仍只有一小部分（20%左右）的外卖员收入能达到8000元及以上。同时，学历对外卖员的收入有细微的正向影响，且同样存在边际递减。

昆明市外卖员过怎样一种生活？

首先，在职业流动过程中，外卖员常常出于理性选择而入职或离职。当个体面临沉重的经济压力或事务负担时，外卖员的工作因较高收入和拥有极大自由度而成为他们的选择；当个人生活境况和工作市场状况改善时，外卖员工作保障不足、没有发展空间危险性较强等就凸显出来，从而促使他们离职。

在工作评价方面，昆明市外卖员们几乎都觉得这份工作是"自由"，但众包骑手比专送骑手所享受的自由度高得多。一些学者认为外卖员们对"自由"的追求是他们个体化进程的表现，但是这种分析其实只考虑了青年外卖骑手。对于中年外卖骑手来说，为了分心照顾家庭而不得不选择时间比较自由的这份工作的外卖员并不在少数。对他们来说，选择这份工作绝不是个体崛起和个体化的表现，恰恰相反，这是一种集体主义的家庭化的自我牺牲，是个人更深地嵌入家庭结构中的表现。

在工作的危险性上，绝大多数外卖员承认这份工作具有较高的危险性，为尽可能降低风险，他们常常通过积累经验而逐渐提高配送熟练度，以及尽可能遵守交通规则来更好地保护自己。

在外卖员工作过程中的职业互动方面，专送骑手与站点之间既有共同的利益诉求，也会在薪酬的计算及发放、日常管理等方面产生冲突；骑手与大部分商家、顾客可以顺畅交流。但当发生问题时，系统规则往往成为骑手们的救世主，这显示了骑手与平台之间的权力关系的极度不对等。

参考文献

[1][美]科尔曼.J.S.社会理论的基础[M].邓方,译.北京:社会科学文献出版社,1999.

[2]杨善华,谢立中.西方社会学理论(下卷)[M].北京:北京大学出版社,2006.

[3]冯向楠.北京地区外卖员劳动权益保障状况及影响因素研究[J].劳动保障世界,2018,(33).

[4]胡放之.网约工劳动权益保障问题研究——基于湖北外卖骑手的调查[J].湖北社会科学,2019,(10).

[5]汤慧."互联网+"新业态模式下外卖员劳动关系认定的法律研究[J].法制与社会,2019,(36).

[6]袁文全,徐新鹏.共享经济视阈下隐蔽雇佣关系的法律规制[J].政法论坛,2018,36(1).

[7]丁晓东.平台革命、零工经济与劳动法的新思维[J].环球法律评论,2018,40(4).

[8]匡亚林,梁晓林,张帆.新业态灵活就业人员社会保障制度健全研究[J].学习与实践,2021,(1).

[9]孙萍."算法逻辑"下的数字劳动:一项对平台经济下外卖送餐员的研究[J].思想战线,2019,45(6).

[10]孙萍.如何理解算法的物质属性——基于平台经济和数字劳动的物质性研究[J].科学与社会,2019,9(03).

[11]孙萍,陈玉洁."时间套利"与平台劳动:一项关于外卖配送的时间性研究[J].新视野,2021,(5).

[12]陈龙."数字控制"下的劳动秩序——外卖骑手的劳动控制研究[J].社会学研究,2020,35(6).

[13]陈龙.游戏、权力分配与技术:平台企业管理策略研究——以某外卖平台的骑手管理为例[J].中国人力资源开发,2020,37(04).

[14]沈锦浩.妥协与自主:外卖骑手劳动过程中的"制造同意"[J].工会理论研究(上海工会管理职业学院学报),2020,(6).

[15]沈锦浩.互联网技术与网约工抗争的消解——一项关于外卖行业用工模式

的实证研究 [J]. 电子政务，2021(01).

[16] 李胜蓝，江立华. 新型劳动时间控制与虚假自由——外卖骑手的劳动过程研究 [J]. 社会学研究，2020，35(6).

[17] 冯向楠，詹婧. 人工智能时代互联网平台劳动过程研究——以平台外卖骑手为例 [J]. 社会发展研究，2019，6(03).

[18] 赵莉，王蜜. 城市新兴职业青年农民工的社会适应——以北京外卖骑手为例 [J]. 中国青年社会科学，2017，36(02).

[19] 梁乃锋，姚镇城，黄伟锋，戴嘉俊，邓毅荣，江哲志. 外卖小哥群体社会职业认同影响因素及对策研究——基于广东惠州地区的调查 [J]. 物流工程与管理，2020，42(01).

[20] 臧义茹. 共享经济平台就业者工作满意度及其影响因素研究——以南京市外卖员和网约车司机为例 [J]. 就业与保障，2020(03).

[21] 郑祁，张书琬，杨伟国. 零工经济中个体就业动机探析——以北京市外卖骑手为例 [J]. 中国劳动关系学院学报，2020，34(5).

[22] 张洛宁. 中国外卖员媒介形象的建构与变迁 [J]. 传播力研究，2020，4(7).

[23] 李升，王晓宣，杨昊，许家庚. 利益诉求的表达与消解：一项关于"外卖小哥"劳动过程的调查研究 [J]. 中国劳动关系学院学报，2019，33(02).

[24] 杜宜蔓. 外卖小哥从业状况的调查与分析——基于攀枝花市在线餐饮行业的数据 [J]. 青年发展论坛，2019，29(05).

[25] 邢海燕，黄爱玲. 上海外卖"骑手"个体化进程的民族志研究 [J]. 中国青年研究，2017，(12).

[26] 张凡，吕卉焘，沈小燕，等. 计划行为理论下外卖配送员闯红灯行为研究 [J]. 中国安全科学学报，2019，29(5).

[27] 沈锦浩. 外卖骑手交通违法行为的民族志研究 [J]. 重庆交通大学学报（社会科学版），2020，20(2).

[28] 金桥，赵君. 三重脱嵌：外卖骑手的结构性困境探究——基于上海 671 份问卷的调查分析 [J]. 青年学报，2020(03).

[29] 黄爱玲. 上海市外来人口的社会融入及其影响因素研究 [D]. 上海师范大学，2018.

[30] 吴爽. 大连市网络外卖送餐员劳动权益保护对策研究 [D]. 大连理工大学，2018.

[31] 吕宣如. 新业态下灵活就业人员的社会保险制度研究 [D]. 华东师范大学，2019.

[32] 易明. 北京市青年外卖送餐员的择业动机研究 [D]. 中国青年政治学院，2019.

[33] 孜乃提古丽·克依木. 我国主流新闻网站报道中的外卖小哥媒介形象研究 [D]. 新疆大学，2019.

[34] 王凝. 框架理论视域下的外卖员网络媒介形象研究 [D]. 大连理工大学，2021.

[35] 刘佳纯. 广州外卖送餐员职业生存现状调查研究 [D]. 华南理工大学，2020.

[36] 美团研究院. 2019 年及 2020 年疫情期间美团骑手就业报告 [DB/OL].(2020-03-10)[2022-05-02]. https://mri.meituan.com/research/report.

[37] 昆明市统计局. 2020 年昆明市城镇单位就业人员平均工资 [DB/OL].(2021-06-09)[2022-05-02]. http://tjj.km.gov.cn/c/2021-06-09/3972089.shtml

[38] 国家统计局. 城镇单位就业人员平均工资 [DB/OL].[2022-05-02]. https://data.stats.gov.cn/easyquery.htm?cn=C01

[39] 艾媒数据中心. 2011—2020 年中国在线外卖市场规模 [DB/OL].(2020-04-14)[2022-05-02].https://data.iimedia.cn/data-classification/detail/31026687.html.

[40] 中华人民共和国人力资源和社会保障部. 新职业——网约配送员就业景气现状分析报告 [EB/OL].(2020-08-25)[2022-01-06]. http://www.mohrss.gov.cn/SYrlzyhshbzb/dongtaixinwen/buneiyaowen/rsxw/202009/t20200923_391259.html.

产业化过程中农民的经济理性
——以 Y 村为例

作　　者：段紫林
　　　　　云南大学民族学与社会学学院
　　　　　2018 级社会学
指导教师：张　亮

一、前言

（一）选题缘由

农为邦本，本固邦宁。"三农"问题不仅仅关乎农民自身，更关乎国家的长治久安，繁荣昌盛。党的十八大以来，以习近平同志为核心的党中央坚持把解决好"三农"问题作为全党工作的重中之重，启动实施乡村振兴战略，把乡村振兴战略作为新时代解决"三农"问题的总抓手。在乡村振兴的大背景下，农业产业化不仅仅是乡村振兴的要求，更是实现乡村振兴、解决"三农"问题的重要载体和途径。新时代的农村环境发生了较大变化，自然而然地农民的行为模式也会随着社会环境和生活环境的变化而产生转变。农业产业化的过程中，必然伴随着农村地区产业结构的调整。

人类的行为具有理性目的，行动者的行动原则可以表述为最大限度获取效益。在农村生活环境变化的过程中，农民受到来自经济社会和自然环境等各方面的压力，主动或被动地在改变着自己的生计方式。基于此种情形，农村地区农民的生计方式不再是单一的以农业生计维系生活，出现了"半工半农""主工副农""弃农务工"等多重类型。在乡村振兴的大背景下，各地区的农业都有所发展，逐步开始形成产业化、现代化。农民的收入水平和生活水平都有了明显改善，同时农民的思想观念也发生了变化，现代化和市场经济已经深入人心。在此过程中，农民的生计目标从维系生存逐渐转变为谋求家庭更好的发展，经济理性行为得到强化。当农民理性行为能力提高时，他们是否能够在农村生活环境变化的新形势下，做出更符合市场经济规律的家庭资源合理配置，实现有利于提高收入和生活质量的最终目的，以及在农业产业化的过程中，农民如何以经济理性引导家庭劳动力资源配置，做出最有利于家庭成员发展的生计策略，是本文研究的主要问题。

本文以 Y 村为例，探讨农民生计方式转变背后的农民行为逻辑，主要基于以下几个原因。首先，笔者对农村社会非常关注。在本科学习阶段，笔者选修过农村社会学的专业课程，对于农村社会学的相关知识有了一定的了解。同时，笔者参加了中国社会科学院组织的大型社会调查实践，深入楚雄自治州的 3 个农村社区进行调研，农村社会成为笔者关注的重点。其次，笔者的家乡就是 Y 村，笔者对调研地点非常熟悉，笔者自幼在该地出生并长大，见证了该村 20 年来的变化。笔者家庭就是本地土生土长的农业种植户，一直从事种植烟草这种生计方式。笔者每年都会参与到家庭的农业劳动中，对于该社区的农业生产相当熟悉。最后，Y 村农民生计方式变迁明显，各个阶段特征鲜明，生计方式在几十年间发生巨大变迁，当地朴实的村民在生态环境日趋恶劣、农业效益不高的条件下，纷纷寻找不同的出路，从全村主要以农业为主的模式发展成当今"弃农务工"的局面。笔者正是基于在农村地区的丰富生活经历以及变化现实，才被激励着去探索这个村子。

（二）文献综述

对于农民经济行为的研究，一直受到人类学、社会学、经济学等多个学科的关注，已经形成了系统的学派和研究脉络，产生了丰硕的研究成果。问题的讨论最初是围绕亚当·斯密所提出的一个经济学假设展开的，在经济学分析中假设参与经济活动的人都是"经济理性人"，所有参与经济活动的人，目的都是为了追求自身利益的最大化，不断努力地为他所能支配的资本找到最有利的用途。在关于农民是否遵循"理性经济人"的假设，学术界出现了两种不同的声音，形成了两种学派。一种是以恰亚诺夫、卡尔·波兰尼和詹姆斯·斯科特为代表的"道义小农"学派；另一种是以萨缪尔·波普金和西奥多·舒尔茨为代表的"理性小农"学派。

1."道义小农"理论

"道义小农"学派主张不能用新古典经济学中的"理性经济人"的假设来分析农民。农民的行动并不是为了追求利润的最大化，而是为了生存，生存才是第一要位的。俄国农业经济学家恰亚诺通过对苏联农民的研究分析得出，农民本身具有强烈的传统色彩，他们进行生产劳动的目的不是为了追求自身利益的最大化，而是为了满足家庭的消费，农民对于市场的参与程度并不高，很少进行生产成本和收益利润的计算，农民在生产劳动中呈现出的是一种"非理性"。匈牙利经济人类学家卡尔·波兰尼从社会关系角度支持和解释了"道义小农"。波兰尼提出了"社会整合模式"理论，来解释社会制度是如何影响人的行为和社会结构。波兰尼指出，社会是一个巨大的复杂体，经济只是其中的一部分，他认为农民的经济行为是嵌入整个社会关系网络中的，农民的行为并非由经济理性主导，而更多的是受到了所处环境的社会关系和文化观念的影响。詹姆斯·斯科特在对越南和缅甸的农村进行考察时发现，当地农民在进行生产活动时，总是遵循一种"安全第一"的生产原则。农民所追求的是一种安全、稳定、自足的舒适生活，他们避免采取冒险的决策，宁愿本本分分地按照世代传承的经验和习俗生活。只要能满足自身的温饱，也就不会考虑更多的劳动或者投入，更谈不上追求所谓的利益最大化。国内在对农民行为进行研究和分析时，也有不少学者同意和支持"道义小农"。王露璐通过对四个村庄的实证调查指出，虽然乡村发展勾起了农民对于致富的向往，以及农民经济理性意识的发展，但并不意味着农民就绝对成了完全意义上的"理性小农"，农民在长期的生产和生活中生成的"土地情结"依然存在[1]。王露璐同意和支持恰亚诺夫对于苏联农民做出的农民在生产过程中呈现出"非理性"的判断和斯科特提出的"安全第一"生存理论。马良灿在对理性小农和生存小农争论进行批判和反思的梳理中也同意和支持恰亚诺夫对于农民做出的判断。[2]

2."理性小农"理论

"理性小农"理论认为，农民具有经济理性特性，他们在进行生产活动时，会为了追求最大利益而不断调整改变自己，寻求各种获利的机会，将自己能掌握和利用的资源要素实现最优配置。舒尔茨对农民进行研究时主要关注的是农民个体的身份，考察对农民的态度和行为动机。舒尔茨认为传统的农民是典型的"理性小农"，在进行农业生产和生产要素投资时，农民会密切关注市场变化，从而做出更符合市场经济规律的决定，在其理性选择的基础上，对农业生产进行组织和安排，从而将生产要素的使用推向最优配置，获取最大化的利益。舒尔茨还指出传统农业的改造，需要以经济刺激和经济基金会的差别为基础，充分发挥市场竞争机制的作用，以经济利润来调动农民的积极性，从而促进对传统农业的改造。舒尔茨关于农民理性的学说得到了众多学者的认可，也引起了部分学者的质疑。波普金对舒尔茨提出的在农民面临风险时，不追求利益最大化，而是追求风险最小化这一观点存在质疑，从而提出了自己的主张。波普金将社会现象看成是单个参与人处于选择环境下的理性行为结果，他认为农民是以个人和家庭利益最大化为中心的理性人，农民参与集体行动的动机是为了追逐自身利益的最大化，为了满足自身利益，甚至可以不惜牺牲集体利益。波普金在对东南亚地区农业社会中的

---

[1] 王露璐：《从"理性小农"到"新农民"——农民行为选择的伦理冲突与"理性新农民"的生成》，《哲学动态》2015年第8期，第76—82页。
[2] 马良灿：《理性小农抑或生存小农——实体小农学派对形式小农学派的批判与反思》，《社会科学战线》2014年第4期，第165—172页。

传统农民进行研究发现，农民和西方大农场资本家有着相似的理性计算原则。国内学者林毅夫以我国实际资料为基础，在承认了农民的消费与现代经济学中"纯粹的消费"和"纯粹生产"的存在不同的前提下，阐明了现代经济学的逻辑框架同样适用于小农的经济行为的研究。[①]陈雪婷等在对长江中下游地区进行实例研究过程中，直接将农民追求利润最大化作为小农行为的经济假设。[②]国内不少学者在进行实证研究过程中也存在类似的情况。以舒尔茨、波普金等人为代表的"理性小农"学派始终坚持以经济学的角度来看待农民的生产行为，将农民从他所置身的特定的社会环境和社会文化制度中抽离出来，赋予农民纯粹的经济理性的属性。

3."综合小农"理论

在关于"道义小农"和"理性小农"两派的争论中，部分学者试图跳出这两学派的争论，从而寻求一种更为综合的解释框架来解释小农的经济行为。国内学者在这一方面的尝试中，黄宗智提出的"综合小农"最具代表性。他认为"理性小农学派"和"道义小农"学派各自都存在一些局限性，只能解释小农的部分经济行为，并不能对小农的整个经济行为进行全面综合的解释。黄宗智在对中国农民进行研究时发现，中国小农既存在资本主义追求利润的特点，但同时也会兼顾家庭需求和消费。在综合两种观点之后，他提出了综合小农的观点。同时，他也指出"内卷化"和"过密化"是中国农业发展的困境，农业发展应该以合作社的形式，而非单纯依靠市场经济[③]。李永萍在对鄂西熟人社会中的劳动配置逻辑研究中

---

① 林毅夫：《小农与经济理性》，《农村经济与社会》1988年第3期，第31—33页。
② 陈雪婷、黄炜虹、齐振宏、冯中朝：《生态种养模式认知采纳强度与收入效应—以长江中下游地区稻虾共作模式为例》，《中国农村经济》2020年第10期，第71—90页。
③ 黄宗智：《中国的隐性农业革命》，北京：法律出版社，2010年，第127—137页。

发现，小农用工体系兼有理性和道义的双重属性[①]。还有部分学者做出了其他尝试，试图建构出一种更为全面和更具解释力的框架。文军在对当代中国农民外出就业动因的社会学分析研究中建构出了一种动态解释框架，他指出农民的经济行为经历了从生存理性到经济理性，再到社会理性的一个动态过程[②]。秦晖等对农村调查的分析中得出，农民理性具有复杂性，并不简简单单的是单纯的生存理性或经济理性，其中还掺杂着多种因素，表现出的是多元理性[③]。晋洪涛在重新划分农户兼职类型的基础上，提出了一个全新的家庭经济周期理性模型解释框架。该框架将农民理性归纳为生存理性、生活理性、收入理性和经济理性，为分析农民行为提供了一个全新的视角[④]。

总的来说，"道义小农"学派主要强调基本生存需要对农民行为的主导作用，尤其是生存风险和价值观念，以及道德伦理等外在制度环境。而"理性小农"学派主要遵循的是新古典经济学传统，他们尤其强调把农户看作是纯粹的理性经济人，一切活动都是为了追寻利益的最大化。而中立学派，则希望调和"道义小农"学派和"理性小农"学派两学派之间的对立，从而找到一个缓和两学派矛盾的全新的解释框架，企图建立一个能够同时解释小农户经济理性和生存理性行为的模型。

[①] 李永萍：《理性与道义：熟人社会中的劳力配置逻辑——鄂西W村小农用工体系研究》，《北京社会科学》2016年第9期，第30—38页。
[②] 文军：《从生存理性到社会理性选择：当代中国农民外出就业动因的社会学分析》，《社会学研究》2001年第6期，第19—30页。
[③] 秦晖：《市场信号与"农民理性"——清华大学学生农村调查报告之分析（三）》，《改革》1996年第6期，第85—95页。
[④] 晋洪涛：《家庭经济周期理性：一个农民理性分析框架的构建》，《经济学家》2015第7期，第55—64页。

（三）相关理论与概念界定

1. 概念界定

农业产业化：农业产业化这一概念最早产生于西方国家。目前，国内学者对农业产业化的界定，还没有形成完全统一的观点。本文所阐述的农业产业化，主要借鉴了国内学者的观点，陈元吉认为农业产业化的内涵就是市场化、社会化和集约化的农业①。笔者所选取的调查村居，其土地正经历着市场化和集约化。

生计方式：生计方式更多的是民族学和人类学所关注的对象，逐步才拓展到社会学领域。对生计方式的定义，学术界内不同的学者有不同看法。李彩霞对生计和生计方式做出了区分，她认为生计方式是为了满足人类基本要件的需要而衍生出的达到这些要件所要使用的手段或者渠道②。孙秋云认为生计方式不仅仅作为个人的谋生手段，而更是社会延续的手段③。李劼将生计方式看作是一种社会活动，他认为并不存在一种纯粹的生计方式，所有的生计方式都包含在更为广阔的生活系统中④。

"理性小农"："理性小农"这一概念最初是由形式主义学派代表人物波普金提出的。他认为，农民作为一个独立自由的主体具有一定理性，农民在进行农业生产活动的过程中会做出对自身有利的决策，从而来降低生产成本和规避风险，提高自身收入。同时，其主张对传统农业的分析要从经济问题本身进行分析，将传统农业中的农民视为"理性小农"。

---

① 陈吉元.农业产业化的内涵就是市场化、社会化、集约化的农业[J].经济研究参考，1996。
② 李彩霞：《城镇化对农民生计方式变迁的影响》，石河子大学，2014。
③ 孙秋云：《文化人类学教程》，北京：民族出版社，2004年，第163页。
④ 李劼：《生计方式与生活方式之辨》，《中央民族大学学报（哲学社会科学版）》2016年第43期，第45—51页。

2. 相关理论

本文基于小农理性范式分析 Y 村农民在农业产业化过程中的生计方式转变的问题。在对中国农民行为的研究当中，已有不少研究证明，中国农户的行为是理性的。这种理性要么体现为以恰亚诺夫、斯科特等为代表的生存理性，要么体现为以波普金和舒尔茨为代表的经济理性，又或者体现为道义理性和经济理性综合起来的生活理性。在笔者对 Y 村进行研究以来发现，村民依靠其传统的农业生产方式，已经能完全满足自身的生存需要，能够实现家庭的温饱以及家庭生活的维系。但即便依靠传统的生计方式能够维系生活的同时，农户也在不断改变自己的种植作物。例如在全村绝大部分农户都在以传统农业作为自己的生计方式阶段，原本绝大多数农户是通过种植水稻来解决自己的温饱问题和经济收入，但后来全村绝大部分农户改为种植烤烟来进行经济收入而不再进行水稻种植，只有少数几户依旧在坚持水稻种植。再后来该村地区在农业产业化的过程中，农民的生计方式更是发生了明显的变化，出现了"半工半农""主工副农""弃农务工"等多重类型，由单一生计方式向多元生计方式演变。正是基于此情景，笔者才决定从经济理性的角度来研究本地农民生计方式的转变。农户是如何在经济理性的引导下改变自身的生计方式，实现经济效益最大化，成为中国社会中的"理性小农"的。

（四）研究方法与研究思路

1. 研究方法

（1）深度访谈法

在社会学的田野调查中，运用访谈法获取信息的情况非常普遍。访谈具有多种形式，有结构式访谈、非结构式访谈、焦点组访谈等。本研究在田野调查过程中，通过"串门"的方式对 Y 村村民进行个案访谈。通过对村民的深度访谈，寻找典型案例，掌握村民在本村农业产业化的过程中，是如何以经济理性来引导家庭生计方式的转变。

（2）参与观察法

观察作为社会科学或行为科学中所使用的一种基础方法，也是社会学研究的一种主要方法。参与式观察方法所适用的范围极其广泛，几乎适用于人类生活的每个方面的研究。参与观察法可以让研究者深入调查对象的群体中，记录事件的发生时间和地点，同时也能够清楚地记录事件如何发生？为什么发生？在本文的田野调查中，笔者亲身进入田野点观察并入户访谈等方式来融入当地生活。笔者在Y村进行了为期一个月的田野调查，获得详细的访谈资料，积累了许多有关调查地点的第一手调查资料。

2. 研究思路

本文以社会学理论和方法为基础，对云南的一个农村在农业产业化的过程中，农民如何以经济理性来引导自身和家庭生计方式的转变，实现家庭利益最大化的目标，从而实现家庭生活日渐富足的目的。除导论外，本文共分为三个部分。第一章介绍了本文选取的田野点，云南Y村的基本概况，对该村的地理区位、人口及民族、生活条件以及社会经济等进行了简要描述，为后面章节的研究提供背景空间。第二章对Y村农业产业化的过程及农民生计方式转变的过程进行简要介绍。Y村的农业产业化，在笔者的观察中主要有两个时期的发展，一是私人资本进入对当地土地进行包租，当地土地实现小规模生产经营；二是当地政府主导进行土地大规模平整化后，土地实现较大规模的统一生产经营。农民生计方式有两次明显的变化，呈现出三个阶段的特点。第三章分析了在本地区农业产业化的过程中，农民如何在经济理性的引导下，改变自己的生计方式。结论对全文论述内容进行了概括性总结，回应本文的主要研究问题。

二、田野点和样本介绍

（一）Y村概况

Y村隶属于云南省曲靖市马龙区A镇，属于A镇下辖四个村委会之一的B村委会，是B村委会下的一个自然村。Y村作为一个自然村，距离乡镇约5公里，距离县城区约30公里。Y村位于半山区，县道贯穿Y村，Y村位于公路一段的两侧。Y村距离城区较远，位于山区，城镇化程度较低，具有典型的农村社会特征。Y村整个自然村又以河为界分为两部分，河从北向南流，东边姓氏主要以杜氏为主，西边姓氏主要以段氏为主，但随着这些年村民新建房屋位置的调整，姓氏集聚界线已不太明显。全村共有146户，565人，大部分农户是汉族，只有少数几户为少数民族，全村拥有土地面积约为2900亩，包括林地、耕地以及水田。河流和公路并行而下由北向南，河流以西的Y村部分原本位于公路和河流之间的区域，但由于近些年农民在不断地新建房屋，不少农户已经搬离原来的房屋位置，搬移到公路两侧定居，由此形成了现在县道穿村而过的村居格局。目前全村绝大多数住户已经翻建新的砖房，样式多样，多为农村小别墅，原来村庄泥土结构的瓦房已经所剩无几。村中没有教学点和医疗卫生服务中心，村里人就学就医都得到5公里外的镇上进行。

（二）样本介绍

在本研究中，由于笔者观察到本村的农民生计方式变化较为明显，从而展开研究。但由于每户农户的生计方式的转变时间节点并不相同，时间节点很难统一。由此笔者只能通过自己的观察和初步访谈了解到的信息，来确定两个大致的时间点，而将农户的生计方式过程划分为三个不同时期，分别来询问这三个时期农户的生计方式以及转变的缘由。此次调查，笔者共选取23位农户进行访谈，其信息如下：

表1 Y村访谈对象一览表

编码	性别	年龄	2011年以前的生计方式	2011—2020年间的生计方式	2020年后的生计方式
D01	男	57岁	务农	务农	务农
D02	男	40岁	务农	半农半工	打工
D03	男	38岁	打工	打工	打工
D04	女	35岁	务农	半农半工	打工
D05	女	47岁	务农	半农半工	打工
D06	男	38岁	务农	务农	打工
D07	女	39岁	务农	半农半工	半农半工
D08	男	42岁	打工	打工	打工
D09	女	48岁	打工	打工	打工
D10	女	52岁	务农	半农半工	打工
D11	女	55岁	务农	半农半工	半农半工
D12	男	46岁	务农	务农	务农
D13	男	41岁	半农半工	半农半工	打工
D14	女	39岁	务农	务农	打工
D15	男	47岁	半工半农	半农半工	打工
D16	男	58岁	务农	务农	务农
D17	男	46岁	务农	半农半工	打工
D18	男	35岁	务农	半农半工	打工
D19	女	50岁	务农	务农	半农半工
D20	女	52岁	务农	务农	打工
D21	男	46岁	半农半工	半农半工	打工
D22	女	57岁	务农	务农	半农半工
D23	男	54岁	务农	半农半工	半农半工

经调查发现，Y村村民在2011年以前绝大多数都是以务农为主要的生计方式，在2011年，外来资本开始进入本地区以后，本村农户的生计方式逐渐发生改变，农户的生计方式逐渐由单一化转向多样化，在近20年的变化中，Y村农户的生计方式呈现出一种向外扩展，

类型多样的变化。

三、农业产业化过程中农民生计方式变迁概况

（一）农业产业化过程概况

Y村的农业产业化过程，在笔者的观察中发现主要有两个明显的发展时期，第一个阶段是私人资本进入当地对土地进行租赁，从而形成小规模统一生产。第二个阶段是由政府主导，首先对土地进行了大规模的平整化，平整化后的土地由政府主导进行统一出租和统一生产运营。通过访谈，笔者得知最先进入该地的私人资本是药材生产商，2011年前后共有三位药材生产商进入本地进行土地租赁，三位药材生产商种植的药材均为三七。药材生产商租赁的土地位于公路沿岸两侧，其中规模较大的租了约150亩。药材生产商租的土地都是连片的，都是相互接壤的土地，不会单独租一小块在某一个地方。

> 我记得当时是村长带着，那个三七老板进来我家的，村长跟我们介绍说这个人是来我们这个地方租土地种植三七的，然后那个老板跟我们介绍了，租期是三年，每年1000块钱的租金，问我们愿不愿意，我们当时坐在家里谈了一会儿，跟家人商量以后就同意租给他了。（受访者D05，2022.2）

由于三七的生长环境需要避光，药材生产商将土地租赁以后就对土地进行了遮光处理，他们在土地周围架起了木杆，然后用遮阴网把租赁的土地遮起来。药材生产商租赁土地的年限也分为两年期和三年期，三年期分为育苗、栽种和收割等多个环节，两年期是从

市场购买三七苗来直接种植，因此缩短了一年的育苗时间。药材生产商的到来彻底打开了当地土地的市场，第一批药材生产商在收获药材以后就离开了。随之而来的是蔬菜生产商跟鲜花培育商，蔬菜生产商主要租赁土地种植土豆、豌豆以及青花等蔬菜。鲜花培育商在当地主要种植百合和铜钱桉。值得注意的是，在本村有两户农民也在本村进行土地租赁来种植蔬菜，相较于外来资本，他们租赁的土地面积较少，一户只有40亩左右。这是该村农业产业化过程的初期阶段，主要是私人资本进入当地，从当地农户手中租赁土地，形成小规模的统一生产和经营。

第二个发展明显的阶段是从2020年开始的，由纳章镇政府和竹园村委会主导的对Y村到该村委会下的另一个自然村公路两侧的土地进行了大规模的平整化。土地平整化之前，工作人员统计了土地平整化区域农户的土地面积，在土地平整化之后，村委会又在原先土地所在位置划分相同面积还给农户。之后村委会再与农户协商是否愿意出租土地，绝大多数农户还是将自己的土地出租出去，只有少部分农户在自己耕种。平整化后的土地主要分为两部分，一部分是水田，另一部分是耕地。水田由村委会主导进行生产经营，主要种植水稻。耕地统一出租给外来资本，主要进行蔬菜生产。无论是由政府主导的水稻种植，还是由外来资本进行的蔬菜种植都是雇用当地农民作为劳动力，蔬菜种植土地的利用率很高，一年之内在同一块土地上在不同的季节种不同的蔬菜。在农业产业化的过程中，不论是初期的外来资本的进入还是政府主导以后的较大规模的生产，表现最为明显的就是当地土地形成了规模化种植，形成了从生产、管理、销售一套完整的统一的体系。

（二）农民生计方式变迁概况

1.传统的生计方式

（1）种植业

种植业是大农业的重要基础，不仅是人类赖以生存的食物和生活资料的主要来源，还为轻纺工业食品工业提供原料，为畜牧业和渔业提供饲料。"① 传统的生计方式主要是指在2011年以前，私人资本还未进入该地区，农户以传统的种植业谋生的生计方式。Y村主要种植的作物是水稻和烤烟，这两种作物在Y村的农业生产中所占的比例较大，作为最主要的经济作物。关于本村的水稻种植，笔者记忆最深的是在上小学的时候。每年农历的二月前后，正是水稻的育秧时节，整个Y村都忙碌起来了，到了插秧的时候，整个村子都流行换工，互相帮忙，每家的秧苗都保证在一天之内就插到水田里。包括到了水稻收割的时间，大家也是换工互相帮忙，尽量保证每家的水稻在一天内收割完成。水稻从种植到收割有一套完整的生产体系，除了在插秧和收割时间需要保证在一天之内完成，需要较多劳动力。其他环节都是由农户每家自己管理和经营，在种植水稻的时期，几乎村子里的每户的大米都是自己种出来的，除了留够自己吃的，每年还能余下一部分进行出售。

除了水稻保障农民的生活之外，烤烟才是Y村最为主要的经济作物。烤烟的种植在Y村已有几十年的历史，由于Y村地区的土壤和气候较为适宜烤烟的生长，并且烤烟带来的经济效益也非常可观，烤烟在Y村的种植业中占有很大的比重。烤烟的种植大概在每年农历的四月份，收割完成大概在每年农历的九月份，历时4个月左右。除却这两种最主要的作物以外，村民还种植其他作物。由于每户农户的需求不同，除去这两种最主要的经济作物外，农户选择种植的

---

① 郑晓园：《论半工半耕的形成与意义》，《华中科技大学》2014年第14期。

其他作物也有所不同。主要包括以下几种：小麦、土豆、玉米、豌豆、青花菜等。玉米和小麦种要是作为牛羊鸡的饲料，除了留够每年的饲料之外，余下的才会进行出售，能够出售的只有少数几户土地面积较大的农户，蔬菜的种植是最近几年才兴起的。

除了种植业以外，养殖业也是Y村传统生计方式当中很重要的一部分。Y村的村民在畜牧业方面具有非常丰富的经验。养殖业主要以养猪和养牛为主，也存在养马、养羊、养鸡等情况。Y村的养猪业多以圈养育肥为主，养肥的猪，除了每年过年宰杀留够一年的肉食以外，其余的则用来出售，养猪几乎每户都在养，有所区别只是在养殖的数量上。养牛和养马主要是为了耕地和拉车，养牛除了拉车则是为了繁育小牛进行出售。养殖业在Y村中，一直以来与种植业都是分不开的，种植业为养殖业提供了足够的饲料，养殖业也为种植业带来了一定的生产方便。养殖业和种植业都是Y村传统生计方式当中的重要部分，在一定时期是Y村农户的主要经济来源。

（2）种植业的变迁

种植业是Y村农户的传统生计方式，许多村民具有丰富的农作经验。随着本地区农业产业化的推进，Y村的种植业在多种因素作用下发生变迁，这些变迁大致分为三个不同时期。

第一个时期的特点是：水田种稻，耕地栽烟。在这个时期，Y村全村146户，约有90%以务农为生，并且务农家庭几乎都种植水稻和烤烟。烤烟作为家庭主要的经济作物，而水稻除了留够自己家吃以外剩余部分则出售，也作为一定的经济作物。Y村每户承包的土地面积有所不同，多的一户有几十亩，少的一户只有几亩，但每户所承包的土地都有一定比例的水田和耕地。在这个时期农户的种植安排主要是水田用来种植水稻，而且种植的面积一定是要能够满足一家人接下来一年口粮，除了少数农户水田面积确实较少，种植的不够吃一年，剩下的一部分则必须通过购买。在种植完足够的面积以后，剩下的水田面积农户才会决定继续种植水稻或者是种植烤烟，每户农户做出的决定并不一样。但耕地每户农户都主要用来种植烤烟，当然也还会种植一些小麦和玉米。总体上这个时期农户的经济作物主要是烤烟，但水稻也几乎是每个务农家庭必种植的作物。

  第二个时期的特点是：水田、耕地都以种植烤烟为主。温饱问题解决以后，农户对于市场的把握和利润的计算也越来越明确和清晰。Y村在这个时期种植业的作物比例发生了变化。水稻已经不再是每个务农家庭一定要种植的作物了，水田也不再是主要用于种植水稻了。务农家庭中的绝大部分已经不再种植水稻，水田和耕地都主要用来种植烤烟了，只有少部分务农家庭，依旧坚持种植水稻，但种植水稻的目的已经不是为了获得经济收益，而是为了满足家庭接下来一年的口粮。在这个时期，农户的观念发生了很大的转变，他们开始注重不同作物带来的经济效益，而非简简单单的是为了解决温饱。

  第三个时期的特点是：从事种植业的人数减少，依旧从事种植业的家庭也不再把烤烟作为主要且唯一的经济作物，蔬菜种植也成为不少家庭的首选。第三个时期主要是指在私人资本进入以后到现在的这个阶段。在这个时期Y村每年从事种植业的人数都在减少，外出务工人员渐渐增多。通过观察和访谈，笔者了解到Y村全村146户，从最开始的约90%都以务农为生发展到目前留在村里务农的已不足50%，种植业从事人员大大减少。在依旧坚持从事种植业的农户中，今年种植水稻的一户也没有，种植烤烟的也仅仅只有13户。在这13户种植烤烟的农户中，他们除了以烤烟作为主要的经济作物外，还种植了一些其他的经济作物，如豌豆、青花菜、水果玉米等蔬菜。其余不种烤烟的农户，也大多把蔬菜作为主要的经济作物。在这个时期还有一个突出的特点是，农户会根据市场的需求来决定自己所种植的经济作物。例如在今年豌豆价格比较高，市场上需求量大，在接下来下一次的种植中，农户会把豌豆作为家庭的主要经济作物，大面积进行种植。同样如果今年豌豆卖得不好，那农户也会相应地缩小豌豆的种植面积，改种其他经济作物。农户会根据市场的需求和农产品价格的高低来改变自己所种植的经济作物类型，农户具有明显的追逐高利润的倾向。

2."打工"生计方式的兴起

Y村的务工情况实际上是一种地区农业产业化推进下农村剩余劳动力逐渐退出土地的过程，这种生计方式转变的本质是人口流动的动态过程。这一过程中隐含的逻辑是农民在经济理性的引导下，不断对身边的资源进行整合，从而追求自己利益最大化的过程。关于Y村村民从打工的兴起到发展到目前的这一过程，其间也经历了较长时间，在不同时期也呈现出了不同的特征。

（1）以女性为主的近乡"打散工"

"打散工"主要指的是在2011年左右，外来资本开始进入本地区，对本地区土地进行租赁，从而形成规模性的统一生产和经营。外来资本进入本地区主要带来了资金和技术，但劳动力还是主要依靠本地区的人民。从土地翻耕开始，所用到的劳动力就主要是本地人员，主要是拥有拖拉机的三户农户。除了药材生产商刚开始搭建生产三七所用的棚子时招到不少男工以外，从生产三七的土地整理到最终三七的收割，这期间大部分招到的劳动力都是当地女工，男工在老板招收的劳动力中所占的比例较少。不管是药材还是蔬菜的生产，包括后来的花卉植物的生产，并不是每一天都需要大量劳动力参与其中，只有特定环节才需要大量劳动力投入，比如三七刚开始的栽种，生长到一定时期的除草以及最后的收割等环节才需要大量的劳动力投入，在短时间内完成。因此也就形成了当地女性打散工也是间接性的，没有规律的，主要由外来资本在当地的生产需求来决定的。参与"打散工"的女性其中很大一部分是土地出租出去的农户，由于出租了一部分土地，剩下的土地生产压力较小，并不需要家庭人员全部都投入土地生产中，就能完成生产。参与"打散工"的女性家庭的生产劳动主要由男性操持，当然在农忙时节，女性还是主要以家庭的生产劳动为主的。女性打散工的前提是家庭生产能由剩下的家庭成员完成或家庭的生产劳动、家庭的生产任务暂时性已经完成，留有一定的相对闲暇时间。女性会选择出去"打散工"，是因为"打散工"一天的收益远比在家中生产带来的收益更大。

我选择出去打散工，是因为我家农活做得比较早，现在烤烟已经栽上了，只需要一个人打打农药管理一下就可以了，我在家闲着也是闲着，还没有收入，那还不如去跟着她们做活，一天还能有60块钱的收入，晚上回来再把猪喂一下，也不耽误。（受访者D10，2022.2）

对于当地女性来说，她们就在家乡周围从事熟悉的农业活动，以受雇于人的形式获取工资报酬，为家庭剩余劳动力创造经济效益找到了一条路径。

（2）以男性为主的"季节性外出务工"

在现代化不断深入推进和经济快速增长的大背景下，农业的生产效率也在不断地提高，其中很重要的一个原因就是现代化农业生产工具的应用。现代农业生产工具的应用对Y村的农业生产影响也十分明显。最开始的时候几乎家家都养牛，主要用来拉车和耕地，但在后来的发展中养牛的农户越来越少，他们的土地主要包给村里拥有拖拉机的农户进行翻耕，他们只要按翻耕面积出一定的耕地费就可以了，却极大地提高了农业的生产效率。另一方面牛车、马车已经不再作为主要的生产运输工具，村子里的农用三轮车和面包车越来越多，现在农户几乎每一家都有一个现代运输工具，这也极大地促进了农业生产效率的提高。农业生产效率提高以后，就意味着家庭有更多的剩余劳动力，并且从今年的生产结束距离下一年生产开始这中间的空当期也延长了。女性"打散工"每天60块钱的工费对于有更多剩余劳动力的农户来说已经不再满足了，他们开始谋求在生产之余能够拥有更高收入的生计方式了。因此以男性为主的季节性务工的出现也是必然的。农户的主要生产劳动一般从4月份开始到10月份结束，从10月份到第二年的4月份这个时间段的主要劳作就是翻耕土地和种植一些其他的农作物。由于现代生产工具的应用，从10月份到第二年4月份这个时间段的生产劳动由部分家庭成员也足以完成。于是男性就在这个时间段外出务工，留下女性在家操持家务还可以间接性地"打散工"补贴家用。一般男性从10月份外出务工到春节时期回家过年并参加下一年的家庭生产经营活动。男性的外出务工地点距离家乡较远，远的去到外省沿海地区，例如福建和广东，稍微近一点的在省内的大城市昆明或曲靖等地。男性的"季节性务工"相比女性的"打散工"无疑为家庭带来了更多的经济收入，同时也为家庭更多的剩余劳动力找到了出路。

（3）以核心家庭为主体的"弃农务工"

"弃农务工"主要指农户放弃传统的以种植业为主的生计方式而选择以打工作为家庭主要经济来源的生计方式的行为选择。Y村的家庭结构主要以主干家庭为主，一般包括年纪较大的老人，一对夫妻以及未成年的子女。夫妻无疑是整个家庭的主要劳动力，承担着整个家庭的经济压力。在传统的生计方式是全村的主要生计方式时期，就已经有少数几户人家常年在外打工，完全放弃了农业生产。随着乡村振兴战略的不断深入推进，市场的开放程度不断加深，农民对于更加美好生活的渴望也在不断加深，农民越来越关注家庭的经济收益。但另一方面，农户以种植业为主的传统生计方式的效益也越来越低，农户在自己有限的土地上很难谋求到更大的经济利益，打工带来的高经济收入吸引着Y村中的主要劳动力放弃农业。以主干家庭为主体的"弃农务工"已经逐渐成为目前该农村剩余劳动力转移的主要模式。

四、生计方式变迁中农民的经济理性

(一)农业生产中农民的经济理性

改革开放以来，国家经济取得长足的发展，农村地区的基础设施也日渐完善。新建的公路，现代化的运输体系和通信设施，不仅方便了农村地区农民的生活，还拉近了乡村与市场的距离。"在一个封闭的环境中生计的选择更多的是体现为一种消费需要的满足，当面临开放的环境介入更大范围的市场环境时，生计的选择体现为一种市场需要的满足……为了适应市场的需要，必然会发生很多的变化。"诚然，农民处于市场体系中食品生产的供应端，一方面影响市场，另一方面也必然受到市场的制约。Y村的农户在水田种稻、耕地栽烟的时期就关注到了两种农作物在市场上带来的经济效益的差别，因此他们果断调整了自己的生计，将水田也用来栽种烤烟了。

> 我家总的土地有11亩，水田有3.7亩，原来我家水田3.7亩全部是用来种水稻的，每年可以打100多包谷子，推成大米

也有30多包，我家总共也就五口人，每年还吃不了一半，剩下的都要全部卖掉，卖得好的时候也就4块多一点一公斤，一年也只能卖几千块钱，但是我家的烤烟每年能卖2万多，比种水稻挣得多，还有主要是种水稻也比较麻烦，跟种烤烟差不了多少，田里栽的烤烟会比地里的好一点，烤出来颜色好，叶子也大，我们决定就不种水稻了，每年也吃不了几包，买着吃算了，田里栽一年的烤烟够买好几年吃的大米了。（受访者D14，2020.2）

从种水稻到改种烤烟是农户早期关注市场的一个明显表现。在笔者的访谈和观察中发现，农户在种植蔬菜的时候对于市场的关注度会更高。例如如果今年的土豆卖得好，价格高，那在接下来的种植中农户会扩大土豆的种植面积。如果今年卖得不好，那下一次种植可能就不会再种土豆了。除了在种植业中农户会因市场价格变化，而调整自己所种的农作物，在养殖业当中也有类似的情况。Y村的农户几乎每家都修有好几个猪圈，养猪的数量每年是不一定的，会根据今年猪价的变化决定下一年养猪的数量。虽然农户因此而做出决策，养出来的猪、种植出来的农产品在下一年的售卖中不一定能卖到好价钱，但在这个过程中农户一直关注着市场，追求高利润，并且也因此在不断地调整着自己的生计，这是农户在面对市场时经济理性的有力体现。

（二）农村生活中农民的经济理性

地区农业产业化的发展，外来资本的进入，其结果是导致Y村的许多生产要素被卷入现代市场体系中变得越来越商品化，农户为了适应市场，谋求经济利益，在不断地调整自己的生计策略。外来资本的进入，为当地农户提供了出卖自己劳动力获得报酬的机会，使当地劳动力商品化，同时也打破了该地区互惠的人情网络。这一过程强化了当地农户的经济理性，激发当地农民积极主动适应市场规则谋求经济利益。在外来资本还没有进入该地区的时候，Y村存在着互帮互助的换工行为。Y村最常见的换工是插秧、"打谷子"、修建房屋以及婚丧嫁娶时办宴席。每到农历的二月份左右就要开始插秧了，为了保证秧苗的鲜活和成长，每户农家基本要保证在一天之内把准备好的秧苗全部插到水田里，方便每一块农田的管理。收割谷子也是一样的，农户要挑一个晴朗的天气，请村里的村民来帮忙，确保在一天之内把谷子都收回家里。左邻右舍相互约定，在插秧、收谷子这样的农忙时候互相换工，共同劳作提高效率。发展到现在，Y村中的换工现象已经非常少见了，只有在关系特别好的邻里之间，才会偶尔出现。当前在Y村的生产活动中，如果是因为生产劳动必须请其他人来帮忙，则必须支付相应的报酬。劳动力不再是没有价码的，村民之间在生产上的帮忙成为一种服务性商品，人情往来的互惠演变成了明码标价的交易。

修建房屋也是一个非常典型的例子，以前村里的房屋主要是泥土结构的瓦房，这种房屋的寿命比较短，经常需要翻修，每当一家要翻修房屋时，都会邀请村里的其他人来帮忙，这种帮忙也是互相的，等其他人修房屋的时候，自己也必须去帮忙，但现在村中大多修建房屋都是包给工程队，只需要支付给工程队报酬就可以，偶尔会找村中的村民来帮忙修建一些地基或者小房子，这也是需要支付报酬的。村庄中原来的互惠网络已经被私人资本进入带来的商品经济完全打破，村舍邻里之间的情感纽带逐渐被市场的经济逻辑取代。在外来资本进入本地区后，农户意识到自己的劳动力可以带来更高的经济收入，农民的经济理性得到了进一步强化。因此，村民普遍认可这种以市场为导向的生产资本，农户开始积极主动地去打破村庄的情感网络，积极融入市场体系当中，尽力去压榨自己的劳动力资本，充分利用家庭内部的劳动力。

> 以前我家水稻种得挺多的，每年都要找10来个人帮我们插秧和打谷子，后来慢慢种水稻的人少了，人也不好找，有点闲时间人家都去打散工了，后来没办法我们去找人的时候就告诉人家付工钱。也有一些人不愿意来，可能是碍于情面，怕不给工钱又不好意思要。现在做活大家眼里只有钱，经常能听到村里有人议论，某某家做活时间长又累，给的钱还少，反正现在找人做活，不给钱谁帮你做啊！（受访者D12，2022.2）

市场体系的侵入不仅仅带来了劳动力的商品化，更强化了农民的经济理性，使得农民开始从经济效益的角度来审视自己的生活。即便同样是受雇于人，付出劳动从而获得报酬，农户开始会计算自己在这一天劳动当中付出的时间和工作的劳动强度，以此来衡量给的工钱值不值得这一天的付出。在Y村所有的生产劳动中，烤烟的栽种以及烟叶的采摘应该是劳动强度最大、最为辛苦的生产劳动，必须在一两天内把所有成熟的叶子全部采摘下来放进烤房里，部分农户栽种面积特别大，仅靠自己家庭成员根本无法完成，因此他们不得不雇佣劳动力。找工或许成了他们最为头疼的问题。

> 我家总的栽了16000棵烤烟，家里只有我们夫妻两个劳动力，孩子在外面读书，每年采烟我们都需要找人，村子里的人太难找了，大家都觉得采烟的工作太辛苦了，宁愿去打散工，也不愿意来采烤烟，我家找的这两个人还是我们平时关系处得不错的，都是靠平时攒下来的人情，靠人情人家才愿意来帮我

们的，采烟这一天我们除了供吃的以外，每天还付100块钱的工钱。（受访者D16，2022.2）

外来资本进入本地区后，给当地农户提供了更多可供选择的空间，农户在各种机会当中权衡利弊，做出最有利于自己的选择。农户对于生活的经济计算还体现在养殖当中。Y村农户养猪的方式主要是圈养，一天喂两次，猪的食物主要是地里的野草，还有农户自己种植的一些农作物，猪饲料主要是农户自己种植的玉米和小麦。以前农户养猪仅仅关注的是猪的卖价，而现在农户开始精打细算整个养猪过程，大概计算养猪投入的时间、饲料和人工成本。到目前为止，整个Y村中的养猪户数越来越少，不少人家过年时候宰的猪都是买来的而不是自己养的。

现在养猪完全是靠运气，像去年那么高的猪价，我养这么多年猪都没遇到过。我家目前只养了两头，不想养多了，养多了太不划算。养猪差不多要养一年多，每天两顿地喂着，我家种的玉米基本只够猪吃，我们每天还要花时间去找猪草，投入了这么多人力，一头猪按今年的价格也只能卖3000多块，算上它吃掉的玉米，太不划算了，那我还不如直接买一头过年的时候宰来吃呢，毕竟现在随便去哪里打工，一个月都能挣3000多，养这两头猪主要是觉得自己养的猪肉要好吃一点。（受访者D22，2022.2）

在市场体系的侵入下，农民已经将市场规则融入自己的生活当中，以经济利益来审视自己的生产劳作，计算原来属于家务劳动的人工成本，以及自己所生产的所有农作物的经济利益，劳动力的商品化在思想上强化了村民的经济理性，农户精打细算，从经济角度审视自己的生产活动使得农户的生活也在不断商品化。

五、结语

一个地区的人民生计方式发生转变并非毫无原因，其背后有着深层次的起因和行为逻辑。外界因素的影响无疑是一个重要原因，例如居住地的生态环境的变化，国家政策的变更以及基础设施条件的改善都是影响一个地区、一个族群生计方式发生转变的重要因素。但笔者认为更为重要的一个因素是出于生计方式发生转变民族人民自身的理性选择。他们在日益变化的外部环境当中，权衡利弊，从而转变其民族的生计方式以便其自身更好地融入逐渐变化的外部环境中。在笔者看来，这是关于一个地区生计方式发生转变的重要原因。

本文探讨了中国西南地区的一个农村在农业产业化的过程中，农民是如何以经济理性来引导自身转变自己的谋生方式，融入这个地区的农业产业化过程中，实现家庭资源的合理配置，从而最终实现家庭利益最大化的目的。Y村在农业产业化推进之前，农户基本保持着传统的以种植业为主的生计方式，然而在农业产业化开始推进之后，Y村农民生计方式发生了很大的变化。尤其是伴随外来资本进入而来的市场体系的侵入，更强化了当地农民的经济理性，追求家庭利益最大化已经是本村众多农户的最终目的，在这种情况下，农民生计方式的变化显得更为迅速。当地农民的生计方式呈现出由单一向多元的转变，由内向外的转变。这种转变的发生是因为农民的经济理性在不断强化并指导农民的经济行为，使之更加符合经济理性原则。农户在整个转变过程中密切关注市场，调整自己的生计策略；在劳动力成为商品之后，尽力压榨自己的劳动力资本；以及农民从经济视角来审视自己的生产生活，使得自己的生活也不断商品化。以上就是Y村农民在农业产业化过程中生计方式变迁中经济理性最为有力的体现和证明，Y村农民是中国社会中典型的不折不扣的"经济小农"。

多元交织视角下农村妇女的健康照料研究

作　　者：谭昀湫
　　　　　云南大学民族学与社会学学院
　　　　　2018级社会学
指导教师：陈　雪

一、绪论

（一）研究缘起及意义

新中国成立以来，妇女的健康发展一直受到党和政府的高度重视。我国拥有世界上人口规模最大的妇女群体。2020年第七次全国人口普查数据显示，我国女性人口为6.88亿，占总人口的48.76%，[①]妇女的健康问题一直以来都备受社会的广泛关注，不仅关系到女性本人的身心健康，与人类健康繁衍和提高人口素质息息相关，还是影响一个国家和民族人口质量的重要公共卫生问题。

与城市妇女相比，农村妇女被认为文化水平较低、思想观念落后、社会地位不高、自卑感强烈、家庭负担较重等，她们的这些特点会导致她们面临更多的问题。笔者聚焦自己的家乡——位于云南省昆明市的一个小村子，展开对农村妇女的健康照护情况的调研。调研点为笔者从小到大成长的地方，土地不多，且较为贫瘠，所以农业生产不是当地人主要的生活收入来源。什么样的地理环境决定什么样的生计方式，什么样的生计方式决定什么样的经济文化类型，什么样的经济文化类型决定什么样的社会形态、价值及思想观念。[②]该辖区素来以铜矿出名，并有"天南铜都"之称，因此大多家庭形成丈夫在矿山工作，妻子在家耕地、照顾老人小孩的半工半农家庭生计类型。这样的家庭模式使得本村广大农村妇女在家庭中没有收入来源，进而没有经济主动权。该村的女性，大多数因经济、父母文化水平、重男轻女思想等影响未进过学校，从小就跟着父母在家从事农业劳动，到了年纪便结婚生子，重复母亲的道路。她们在怀

[①] 国务院.第七次全国人口普查公报（第四号）——人口性别构成情况.http://www.gov.cn/guoqing/2021-05/13/content_5606149.htm
[②] 石硕：《20世纪历史地理研究对"中华民族"概念的贡献》，《民族研究》2023年第261卷第1期，第142—143页。

孕期间，迫于生活的压力，依旧要继续下地干活，给身体带来了沉重负担；且由于医疗卫生条件和经济情况有限，几乎都是在家生孩子，易受感染，她们的健康遭受着巨大威胁。在孩子出生后，她们承担着抚育孩子、家务劳动、田间农活多重工作。她们的身体经受创伤却来不及治愈，又投入下一项任务。这些工作给她们的身体带来了疾病的风险。对此，她们也用自己的方式去面对，表现在：她们会通过广告购药来治疗疾病；在心里难过时会和同伴交流排解内心苦楚；在身体不适时会向同伴寻求治疗方法来进行健康照料。因此，笔者决定从身边的人出发，从笔者的母亲入手，走进她们的生活，了解她们的过去，聆听她们的心声，探析她们面临的困境，去观察她们的健康照料情况是什么样的？有没有一定的规律性特征？在健康照料过程中面临些什么样的困境？怎样改善困境？这四个问题贯穿了笔者此次调研的全过程。

（二）文献综述

女性健康包括身体健康和心理健康。而女性作为生育的承担者，妇科疾病是危害其健康的重要疾病，对其生理和心理健康构成威胁。早在20世纪90年代初，世界银行就指出，中国妇女1/3的疾病负担主要是因为生殖健康方面的疾病引起。[1]我国农村妇女文化水平偏低，多受传统思想观念的影响，对妇科疾病羞于就医，加之农村医疗卫生服务资源欠缺，家庭卫生条件差等原因，造成妇科疾病在农村地区发病率普遍高于城镇，并且未能得到科学正规有效的治疗。[2]与城市女性越来越注重保健相比，典型贫困地区农村妇女有病久拖不医的

---

[1] 世界银行：《对健康投资——1993年世界银行年度报告》，北京：中国财政经济出版社，1993年。
[2] 耿波：《农村和城镇已婚女性妇科普查结果分析》，《国际检验医志》2013年第34卷第4期，第477—478页。

现象依然严重，妇女们有病不愿去医院看，尤其是患有妇科病的更不愿意到医院去检查；并且受经济条件制约，有病不治，"小病扛，大病拖"是农村妇女的大多选择，真正感觉自己的病不能再拖了，才会到医院去检查；加上农村妇女对生殖道感染疾病的认识不够，预防措施不力与治疗不及时的现象经常发生，妇科病的患病率居高不下。[①]

相对于城市妇女，农村妇女特殊的自身条件、家庭环境、文化背景，使得她们中不良性行为、性心理问题、性相关疾病的发生率较高，极大地影响了她们的身心健康。[②]农村妇女由于生殖系统常识和妇科知识的缺乏，以及保守思想的影响，很多患上妇科疾病之后，羞于启齿，把小病拖成大病，又怕花钱，结果反而造成更严重的后果；比如阴道炎、宫颈糜烂等妇科疾病，一开始都不严重，及时治疗，完全可以治愈，但就是由于"讳疾忌医"这种思想的存在，认为"女人病"见不得人，反倒害苦了自己。[③]

通过回顾以往研究发现，针对妇女健康研究的范围广泛、内容丰富，且对于妇科疾病的研究更是丰富，还提出了很多改善措施。已有的研究成果在大背景下具有一定程度的代表性，且多采用定量研究，结果具有高度的概括性和总结性。且多集中于研究影响农村妇女健康的因素，对于农村妇女的内心所想和现实需求，以及得知患病后的内心感受、给家庭带来的影响、为何不愿前去医治等方面的深入探讨却较少。大量关于农村妇女健康的定量研究，需要辅之以扎实的质性研究资料来加强研究的深度、丰富研究的内涵、揭示农村妇女的个体生命故事。因此，本研究将研究主题聚焦于农村妇

---

① 郭亚莉：《典型贫困地区农村妇女生育观念和健康状况调查与分析》，《西北人口》2011年第32卷第6期，第89—92页。
② 杨爽、才运江、周郁秋、赵一莎、王正君：《中国农村妇女性健康研究现状及影响因素》，《中国公共卫生》2017年第33卷第12期，第1781—1784页。
③ 田慧：《解析农村妇女妇科病的卫生现状、预防及治疗》，《中国卫生产业》2013年第10卷第15期，第189—190页。

女的健康照料，呈现农村妇女健康照料的现状与特征，并采用多元交织视角来分析农村妇女在健康照料中面临的困境以及改善方向，除了关注影响农村妇女健康的因素以外，还重点关注农村妇女的内心所想和现实需求，从根本上了解她们的真正需求，探析她们健康照料的相关故事。

（三）研究设计

1. 调查对象

本次共访谈了20位农村妇女，其中W村有17位，X村有3位。调查对象的年龄主要集中在35～65岁之间，即出生于1957—1983年间，有一位为74岁（即1947年出生）。这个时期的农村妇女，她们具有一些共性：生活条件艰苦、兄弟姐妹众多、受教育程度较低。图1所示是调查地农村妇女的文化水平，20名农村妇女中，仅有1人上过高中，2人上过初中，小学毕业的有3人，1—3年级文化水平的有3人，在学校待过几天的有1人，其余的10人均未进过学校。

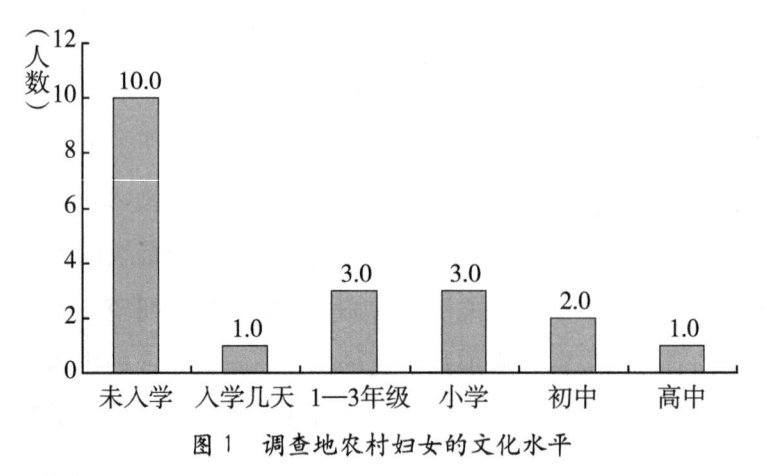

图1 调查地农村妇女的文化水平

2. 调查方法

本研究采用质性研究中的半结构式一对一深入访谈法和参与式观察法进行资料收集。按照访谈前设计好的访谈提纲，与农村妇女进行面对面的深入访谈，收集到 20 个鲜活生动的农村妇女健康照料故事，并在日常生活中对农村妇女的健康照料情况进行观察，获得了较为丰富的一手资料。

3. 调查内容

本研究聚焦于农村妇女这一研究群体，她们自身的教育水平、健康意识较为薄弱，农村卫生健康环境的硬件（即农村医疗水平、技术设备、宣传手段）不够完备，使得农村妇女的健康问题应是我们关心的重点领域。本研究从农村妇女的基本信息（受教育程度、工作内容等）、生育信息（生育孩子数量、流产经历等）、健康照料信息（如何应对疾病等）以及对国家政策的相关看法四个方面，对农村妇女进行访谈资料收集。通过对农村妇女的健康照料情况，包括她们的患病情况、日常生活习惯、疾病防治等方面进行全面细致的了解，根据调查获得的资料，揭示农村妇女的健康照料现状和特点，并从多元交织视角下对农村妇女面临的健康照料困境和改善方向进行分析。

4. 理论框架

本研究将利用多元交织分析框架来分析农村妇女的健康照料情况。交织性（Intersectionality）概念最早于 1989 年被提出，与美国黑人女性主义运动相联系。它以黑人女性为原型，由于其具有黑人与女性的双重身份，因而具有不同于黑人男性、白人男性及白人女性独特的社会位置与社会境遇。[1] 该理论作为"社会性别"理论的一种延伸，是对包括性别、种族、阶级等身份特征的相交叉关系的一种分析范式，旨在厘清妇女边缘化经历和困境是如何受多种身份叠

---

[1] Choo HY, Fe Rree M M. Practicing Intersectionality in Sociological Research: A Critical Analysis of Inclusions, Interactions, and Institutions in the Study of Inequalities[J]. Sociological Theory, 2010, 28(2):129-149.

加而导致的,对分析弱势社会群体具有较强的应用意义。[1] 本研究中的研究对象农村妇女,她们的身上附着了不同的社会身份,兼具"农村"和"女性"双重特质,多元交织视角对于分析农村妇女这一相对弱势群体具有较强的应用意义。因此,本文将运用多元交织性视角,从个体、微观、中观、宏观四个层面对农村妇女健康照料中面临的困境进行分析,并相对应地从四个层面提出适当的改善方向。

二、农村妇女健康照料现状与特征

笔者调研发现农村妇女的健康照料情况呈现出一定的特征。首先,她们目前的身体都处于一个亚健康状态。其次,她们目前的健康照料呈现出"外"与"内"相结合的1+1健康照料特征。从外部来看:一是国家近几年来针对农村妇女健康做出一定的帮扶措施,例如每年都对农村妇女进行健康体检和两癌筛查(两癌即宫颈癌和乳腺癌);二是在她们将身体不适告诉丈夫后,丈夫会带其到医院进行检查;三是子女长大成人后,在有较好经济能力前提下,成为农村妇女健康照料的一个重要支柱。而从内部也就是自我方面来看:一是当她们身体不舒服时,她们会自己主动去医院进行检查,早发现早治疗;二是会根据电视广告购买治愈自己疾病的药物;三是朋友之间会相互交流,分享救治方法。再者,农村妇女的健康照料存在着被忽略的特点,即女性的一些健康问题不能公开展现,只能置于看不见的地方或者掩藏起来:一是她们会因为体检的医生是男的而感到不好意思,进而放弃体检的机会;二是她们会因一些妇科疾病较为隐私而羞于搬到台面上讲,最终放弃治疗的机会;三是对丈

---

[1] 苏熠慧:《"交叉性"流派的观点、方法及其对中国性别社会学的启发》,《社会学研究》2016年第31卷第4期,第218—241、246页。

夫一些行为的隐忍而造成疾病的加重。最后，在调查中，笔者发现丈夫的参与在农村妇女健康照料中起着重要作用，丈夫是否关心和重视妻子的身体情况，决定着妻子的健康状况。

（一）亚健康状态

较多农村妇女的身体处于亚健康状态。她们的这种亚健康状态可以分为身体上的疼痛和心理上的伤痛两大类。而身体上的疼痛主要从头、身体（包括手、脚、腰、脖子等部位）、妇科、乳腺四个方面进行描述。在访谈过程中，很多农村妇女都告诉我，她们或多或少都患有一些疾病，尤其是小腹疼痛、头痛、腰痛、脊椎痛、全身酸痛等病状较为常见，具体患病情况如表1所示。

表1 调查地农村妇女的患病情况

编码	年龄	文化程度	患病情况
W-1	38	未入学	乳腺疼痛，会出脓
W-2	41	入学几天	头疼，腰椎间盘突出，乳腺疼，肚子疼，以前有盆腔积液的妇科病
W-3	41	2年级	头疼，子宫糜烂，小叶增生，淋巴结，颈椎炎
W-4	42	未入学	头疼，胆结石，小肚子疼
W-5	45	未入学	肩周炎，头疼，头昏，睡不着，心烦
W-6	47	未入学	眼睛很看不清，腰疼，肚子疼
W-7	48	未入学	下身痒，心病
W-8	50	小学	头疼，腰疼，脚疼，手腕疼，背疼
W-9	51	高中	下身痒，有异味
W-10	52	1年级	眼睛看不见，腰酸，子宫肌瘤，宫颈糜烂，脖子疼，老花眼，耳朵背
W-11	54	未入学	慢性妇科炎症，头疼
W-12	54	未入学	糖尿病
W-13	54	3年级	白带异常，头疼，腰疼

续表

编码	年龄	文化程度	患病情况
W-14	59	初中	头疼，头昏
W-15	60	初中	头疼
W-16	62	小学	糖尿病，浑身疼
W-17	74	未入学	头疼
X-1	41	小学	头疼
X-2	52	未入学	膝盖疼
X-3	64	未入学	小肚子疼，脚疼，腰疼，头疼

首先是头部。如表1所示，20位农村妇女中，有12位告诉调查者，她们的头会经常疼，就像针在扎她们的头一样，因此，她们长期需要服用头痛粉等药物来进行止痛。她们的头疼有的可能是遗传影响，有的是因为意外受伤导致，有的甚至不知其缘由。但无论是何种原因形成的，都对她们的日常生活产生了一定影响，使她们不能正常工作和生活。

其次是身体，即包括脖子、手、腰、脚等部分的疼痛情况。被调查的农村妇女中，她们有很多人都告诉我，她们全身上下都会痛，有的甚至是十几年的痨病了。她们平时的工作需要较强的劳动力输出，并且长时间得不到很好的休息，久而久之，全身上下便会酸痛。并且她们从很小的时候，就开始背很重的东西，超过了其可承受的范围，自然给身体带来一定的健康威胁。

再者是妇科疾病。妇科疾病作为女性群体的一种特殊病情，有研究显示，长期以来，女性妇科疾病的发病率一直较高，并严重影响着女性的健康生活，由于种种原因，农村妇女妇科疾病的发病率高于城市妇女。此次访问的农村妇女中，有7位在患或曾经患过妇科疾病，在患病的过程中，她们的身体和心理遭受了巨大创伤。她们在患上妇科病的同时，不仅要遭受身体疼痛的折磨，还要忍受着一些心理上的痛苦。W-2 在生病的时候，恰好村里在办红白喜事，但身体不适的她不但没有得到丈夫的关心，还因未前去帮忙劳作而受到了丈夫的责骂，① 即使住院也是自己去，更因没有亲人加以关心，内心非常苦闷。

最后，是乳腺方面。两癌（乳腺癌和宫颈癌）是妇女健康的最大威胁，国家最近几年已经加强对农村妇女两癌的筛查。此次调查的受访者中，没有乳腺癌的患者，但是有几位女性表示，自己的乳腺时而会疼。

在她们身体不舒服时，有条件的农村妇女可以自己前去检查，而没有能力自己去检查治疗的农村妇女只能独自忍受病痛的折磨，甚至还要继续投入工作。在身体出现疼痛之时，她们本身就已经难以承受这种疼痛，但迫于各种无奈，仍要继续完成属于自己的工作，这使她们原本已经不堪重负的身体更加苦不堪言。

除了身体上的疼痛，她们的心理也存在着一定的"不健康"。首先，她们在家庭中的地位较低，不受重视成了她们内心的痛点；其次，丈夫作为她们的依靠，是她们的一切希望，丈夫不在身边或漠视对她们来说都是一种极大的伤害；最后，其他因素的积累也造成了心中的苦闷。农村妇女往往会因为丈夫不懂自己，在自己生病的时候得不到丈夫的关心反而被怪罪而感到痛心，赌气忍病去工作；她们会因在发生变故时丈夫不在身边而感到孤立无援。这些原因都造成了农村妇女心理上的疾病。

（二）"内""外"结合的妇女健康照料

1. 外部参与协助妇女健康照料

"外"即来自外界的帮助。农村妇女外部的健康照料主要可以从

---

① 在当地农村，某户人家发生红白喜事，便需要全村人一起出马，共同帮忙。

国家政策、丈夫协助和子女帮扶三个方面来进行阐述。

（1）国家政策

中国政府关心农村妇女健康，在《妇女发展纲要（2021—2030）》中，提出要更加关注妇女生命周期健康，提升全流程高质量服务，将妇女健康作为社会和经济良好发展的重要前提，从延长妇女人均期望寿命和人均健康期望寿命、进一步降低孕产妇死亡率、提高妇女生殖健康水平、关注妇女心理健康、提升妇女健康素养及倡导健康生活方式等方面，提出了10个主要目标和12个策略措施。[①] 宫颈癌和乳腺癌是严重危害妇女健康的两大恶性肿瘤，自2009年来，农村妇女"两癌"检查项目被列入国家重大公共卫生服务项目，全国妇联和国家卫生健康委员会共同开展了对项目地区35~64岁的农村妇女免费进行"两癌"筛查，取得明显成效。[②] 这有效地帮助了广大农村妇女早发现、早诊断、早治疗，让她们远离疾病的困扰。

在本次调查中的几位农村妇女就是在国家组织的两癌筛查检查中发现了自己的患病情况，并进行了治疗。这些检查定期举行，为农村妇女减轻了一定的疾病威胁，能够帮助农村妇女提前发现身上的一些疾病，及时进行治疗，促进了她们的健康发展。

> 我当时，可能就是三年前吧，就是人家通知去检查，我就去了，检查了说是子宫上有两个血瘤，当时疼也不是很疼，后来我就去做了。（W-8，2022年1月18日）

[①] 中共中央 国务院. 国务院关于印发中国妇女发展纲要和中国儿童发展纲要的通知 [EB/OL].(2021-09-27)[2021-09-30].http://www.gov.cn/zhengce/con-tent/2021/09/27/content_5639412.htm.

[②] Zhang M, Wang LH. Cervical cancer screening rates among Chinese women-China, 2015[J]. CCDC Weekly, 2020, 26(2): 481-486.

（2）丈夫协助

虽说"夫妻本是同林鸟，大难临头各自飞"，但也有"十年修得同船渡，百年修得共枕眠"之说，在一起共同生活的多年时间里，丈夫和妻子建立起亲密的关系，家庭中亲情的力量指引着丈夫来帮助妻子。一些妇女在身体不适时，便会把不适告诉丈夫，由丈夫带其进行检查和治疗。

> 我当时是这个肚子里面疼，然后跟我家这个说了以后，他就带着我去检查，检查出来，人家医生就说是里面的肠子腐了，然后连夜就挂急诊去昆明，做了手术，等我醒过来就做好了，都是他办的。（W-5，2022年1月15日）

丈夫的知识文化水平与农村妇女相比较高一些，并且经常在外闯荡，具有较为宽阔的视野，也能更为广泛地获取到一些信息，有能力带妻子去进行检查和治疗。

（3）子女帮扶

最后，子女是农村妇女健康照料中的关键一环，鸟有反哺之义，羊有跪乳之恩，长大后的子女成了农村妇女健康照料的一个重要支柱，他们接受了较好的文化教育，获取了更为丰富的健康照料知识，在他们拥有经济能力之后，便会带母亲去医院进行检查和治疗。

2. 自我作为妇女健康照料的主体

妇女健康照料的"内"是妇女自身，即依靠自己进行健康照料。更多时候，她们只能依靠现有资源和自我知识来进行日常的健康照料。农村妇女内部的健康照料主要可以从自己主动就医、根据广告购买药物和朋友之间互帮互助三个方面来进行分析。

（1）主动就医

在日常生活中，一些农村妇女在发现身体不适之后，会去医院主动检查和治疗，也会在日常生活中想办法对自己的身体进行调理。对症下药，在身体不舒服时，及时就医才是解决问题的根本所在。没有谁能够替自己承担痛苦，因为病痛在自己身上，只有自己才能感觉到。因此，有一些农村妇女在发现自己身体不适后，会主动去医院进行检查和治疗。但这仅限于自己有经济来源以及家庭条件较好的农村妇女。

（2）广告购药

电视是农村妇女接触外界的一个重要平台，受文化水平的限制，她们不识字，但她们会通过视觉和听觉来接收电视上的信息，对自己的症状，通过留意电视广告所传播的信息进行购药。

> 我又不识字，平时就是看看电视，经常会看到电视里面的广告，有一次看到一个吃妇科病的药，我听着名字叫花红片，后来，我小肚子有点疼，我就去药店里面买了一瓶吃了，吃了之后，好像不怎么疼了。（W-2，2022年1月10日）

在看电视时，她们会根据自己的症状关注自己所要的药物，进而想办法去购买服用，这样也是照顾和护理自己身体健康的一个有效方法。

（3）朋友互助

农村妇女闲余生活中最重要的部分就是和朋友们闲聊，这是她们休闲生活的重要组成部分。她们会一起去地里劳作、一起放牛羊、一起饭后交流、一起分享心中所想和所患病情。在与同伴交流自己的病情时，会询问其治疗手段，自己加以借鉴；而且在自己难过的时候也会和朋友交流心事，寻求慰藉。因此，朋友之间的互助成了她们健康照料中的一条重要路径。朋辈群体之间相互帮助，既能够减轻身体上的疼痛，也能治疗心理上的疾病，是一个两全其美的健康照料方式，同时也是农村妇女这一群体坚强的体现。

（三）健康照料中的"后台"

戈夫曼提出拟剧论，认为社会和人生就是一场大舞台，而我们每个人都是表演的演员，为了表演，我们会区分出前台和后台，前台是要表演给观众，与观众互动的，而我们的后台只能藏起来不能将其公之于众。[1]农村妇女的健康照料就处于后台，她们会因为检查的医生是男的而不好意思去检查；因为妇科病是女人得的病，不能放到台面上来讲；因为对丈夫的一些行为加以忍让而造成对自己身心的伤害。

首先，她们在进行体检时，会因为检查的医生是男医生感到不好意思而放弃检查的机会。这种知"男"而退导致她们失去了一次甚至更多宝贵的体检机会。

> 上次检查说我有点乳腺炎。然后体检就是把衣服脱了，然后躺着，用机器照，但是检查的医生是个男医生，害羞死了。后来，叫我去检查，我就不去，害羞得很。（W-2，2022年1月10日）

其次，因为妇科病是女人病，一些人认为不能将它放到台面上来讲。一位受访者告诉笔者，她去检查后，拍了子宫的片子，她把片子拿给她识字的公公看，了解病情。但却被婆婆骂，一个妇科病

---

[1] 王晴锋：《重返戈夫曼的拟剧论与自我分析———一种社会批判的路径》，《山西师大学报（社会科学版）》2017年第44卷第5期，第33—38页。

的检查单子要拿给公公看,多脏的东西,不成样子。后来,她就再也没在意自己的病情了。

最后,她们对丈夫的一些行为隐忍会造成疾病的加重。在男尊女卑的传统社会里,女性所处的社会地位较低,他们承受着太多的生活压力和精神压力,而吵架打架是造成她们心灵创伤的关键。在访问过程中,笔者询问她们,夫妻之间会吵架拌嘴吗?她们总是会笑着对我说,一个小家庭,小吵小闹很正常,但在深入追问下,那多年之前的伤口,如今撕开,心中依然荡起层层波澜。与丈夫每一次的吵闹,都像刀子一样深深地刺痛着她们,这种痛苦不会被遗忘,只会随着时间的增加而累积,无论何时回想起来,那感觉就像在昨天。正如她们所说的,各自的家庭只有各自知道,别人又怎会理解呢?

(四)丈夫的参与是关键一环

农村妇女在家庭较少拥有主动权,家庭收入集中掌握在丈夫手中,农村妇女的开支都需要经过丈夫许可才能进行。并且丈夫的文化水平也较高一些,能够带她们去医院进行检查和治疗。此外,很多农村妇女甚至都没有出过远门,去过最远的地方可能就是镇上的菜市场,正因为如此,她们不知道怎样乘车去县城,也不知道县城的医院在哪里。正因为如此,丈夫是否关注和重视妻子的身体情况,决定着妻子的健康状况。因为无论去哪里,农村妇女们都需要依赖丈夫帮助她们。

丈夫不仅是家庭中的顶梁柱,同时也是农村妇女心中的核心依靠,她们大多从19岁就和丈夫相伴到现在,丈夫是否关心她们、是否在检查出病情时及时带她们去医院进行治疗,在她们的健康照料中非常关键,因为这不仅与经济上的支持相联系,更与精神上的支持相连。

三、以多元交织视角分析农村妇女健康照料中的困境

多元交织理论作为当代社会科学的一个新的分析框架，在中国情境中将具有广阔的应用前景。本文所调查的农村妇女，她们身上兼具"农村"和"妇女"的双重叠加身份，不能仅仅从某个角度出发来探析她们健康照料中所面临的困境。只有在多元视角下来看待她们的现实处境，才能帮助广大农村妇女获得更为实质性的帮助，进而获得更好的健康和发展。因此，本调查将尝试采用多元交织视角从个体层面、微观层面、中观层面、宏观层面四个层面来揭示农村妇女在健康照料中所面临的困境。

（一）个体层面：科学照料的基础薄弱

对于个体层面，本调查主要从农村妇女的受教育程度、角色冲突、卫生习惯三个方面来分析农村妇女健康照料所面临的困境。

1. 文化水平低

农村妇女普遍较低的受教育水平使她们在面对疾病时较为无助。此次调查的受访者，接受过初中以上教育的人仅有3人，未进过学校和未完成小学的有14人。较低的文化水平致使她们只能从事一些体力活，对身体造成了严重的伤害。大部分农村妇女离开学校之后，就开始进入地里劳作，挖地、割草、背猪食成了她们的生活常态。而这些工作给她们带来的收入极少，甚至没有，这也造成了她们的经济收入较低。

其次，低文化水平下，她们对自己的健康并不关注，W-9是我的访谈对象中学历最高的一位农村妇女，她高中毕业之后，先是在学校食堂里面工作，后来，她的丈夫去世之后，就去到电力公

司上班，直至退休。拥有较高文化水平的她知道如何养护自己的身体，她在访谈的过程中告诉了笔者很多她自己的一些健康照料经验。

而其他的农村妇女，她们认为这些病情只要不危害正常生活，就无须在意。总是一拖再拖，直至严重才去检查。W-3的肠子里面有两个血瘤，四年前去检查时，医生让其三年之后再去复查一下，根据情况进行治疗，但她迟迟未去，如今已经快四年了。还有一些农村妇女认为去体检了，发现身体有病就需要钱治，宁愿不去。

2. 肩负多重社会角色

在农村的家庭中，丈夫是经济支柱，负责外出打工、挣钱养家，而女性则成了家中一切杂事的负责人。首先，她们是妻子，要照料好丈夫的衣食起居，为丈夫洗衣做饭，甚至在其上夜班时，也要等到凌晨两三点为他做饭；其次，她们是孩子的母亲，承担着教育子女的重任，丈夫很多时候都是早出晚归，没有时间教育孩子，这项重任常常压到了妇女的身上；再者，她们是家务的承担者，负责整个家庭的卫生整洁；此外，她们还是农业劳动者，现在的农业劳动主力已经由过去的男性转变为女性了，家里的农活全部包到了女性身上；最后，她们还是老人的照顾者。

社会角色是我们在社会生活中形成的、与我们在社会关系体系中所处的地位相一致、社会所期望的一套行为模式。当我们同时承担了多种角色，而且其中的两种或多种角色对承担者的期待发生矛盾、难以协调，从而使角色扮演者左右为难时，就会产生角色冲突。而农村妇女在这多重社会角色叠加的背后，正处于角色冲突的旋涡中，在这场旋涡中，她们的身体积累了各种病痛而没有时间处理。她们总是繁忙于各种事务之间，甚至连走亲访友的时间都难以挤压出来，更何谈抽出时间来照料自己？

3. 不良卫生习惯的养成

首先，是卫生巾的使用情况。胡娟认为很多女性不重视经期的卫生，在经期性生活，或者使用了不洁的卫生巾和护垫，导致了感染的危险，会导致妇科疾病的加重。[1] 在调查中发现，农村妇女的卫生习惯确实较差。她们由于生活环境比较艰苦，小时候比较贫穷，刚来月经的时候，甚至都没卫生巾这种商品。很多农村妇女告诉我，她们最初来月经的时候，就是用烂破布随便垫着，或者是用草纸，后面开始有四五块钱一大包的卫生纸，最近几年，才开始使用卫生巾，有些妇女甚至连卫生巾都没有用过，月经就走了。

其次，过多的打胎经历伤害了她们的身体。本研究所调查的农村妇女，其孕龄期属于计划生育严管期，她们几乎都有打胎经历，加上生活条件艰苦，在打完胎后，身体还没恢复的前提下，就进行工作，对身体造成了巨大的创伤。并且，当时的条件有限，几乎都是在家里生孩子，没有专业的接生人员，各种卫生、安全都难以保障。此外，由于条件艰苦，很多人在孕期和月子期间的营养难以跟上，且刚一满月就开始工作，使她们的身体严重负荷。表2是本次调查地农村妇女的生育情况和流产经历。

表2 调查地农村妇女的生育情况表

编码	结婚年龄	生育孩子数量	生第一个孩子年龄	打胎经理	生育地点
W-1	20	3	21	2	医院
W-2	19	3	20	3	家里
W-3	18	2	20	1	家里
W-4	20	3	20	2	家里、医院
W-5	16	6	17	0	家里
W-6	19	2	20	0	家里

---

[1] 胡娟：《如何做好社区妇科常见病的防治工作》，《大家健康（学术版）》2014年第8卷第9期，第28页。

续表

编码	结婚年龄	生育孩子数量	生第一个孩子年龄	打胎经理	生育地点
W-7	19	3	20	2	家里
W-8	26	2	27	0	家里、医院
W-9	23	1	24	2	医院
W-10	19	2	20	2	家里
W-11	19	2	20	0	家里
W-12	20	2	20	1	家里
W-13	20	3	21	1	家里
W-14	20	2	20	1	家里
W-15	19	2	20	3	家里
W-16	16	3	19	1	家里
W-17	22	6	23	0	家里
X-1	18	2	20	0	家里
X-2	20	4	20	0	家里
X-3	20	2	20	3	家里

流产对身体的影响是很大的，需要一段时间来修复，但这些农村妇女在流产之后，身体遭受了巨大创伤，根本来不及修复，又继续奔忙。如此的身体创伤，经过一次次累加，造成了疾病的加重。

（二）微观层面：社会网络支持不足

在微观层面，本研究将从原生家庭、经济主动权、丈夫、农村医疗设施以及体检五个方面出发，来探析农村妇女健康照料中所面临的支持网络欠缺困境。第一，原生家庭中低文化资本的代际传递，使她们不能拥有较高的文化水平；第二，农村妇女缺乏经济主动权，促使她们不能做到自己的健康自己做主；第三，丈夫对她们患病的漠视态度，对她们的身体和心理产生了双重打击；第四，农村医疗设施的不完善使她们不能获得所需要的治疗；第五，形式主义的体检，不能满足她们的健康需求。这些因素致使她们的支持网络无法为她们的健康发展提供足够的支持。

1. 原生家庭低文化水平的代际传递

代际传递是从阶级传承和获得地位的研究中衍生出来的，这种现象被称为"代际传递效应"。[1]这种现象既包括了自然属性，如身高、相貌、遗传等这些生物学上的特征之外，也包括财产、地位、受教育水平以及思维观念等社会性特征。[2]这种文化代际传递在农村妇女身上有所体现，在本次调查中的农村妇女，她们未能完成一定程度的教育，与家庭存在着一定的关系。

原生家庭较为贫困，没有能力支持她们接受教育，或者认为女孩是要嫁到别人家的，不需要较高的文化水平，小小年纪就留在家里为家庭做贡献。没有进学校接受教育，也导致她们结婚较早，且对健康的意识薄弱，不知道在孕期和流产、疾病来临时，运用正确的方法调理自己、照顾自己，造成了如今的困境。

2. 经济主动权的缺失

农村妇女中掌握经济主动权的人很少，家庭中的收入几乎都是丈夫在掌管着。丈夫作为一家之主，其工资收入是家庭收入的主要来源。而农村妇女们虽然也进行着生产经营活动，但因各种事情的影响（如照顾老人、小孩、处理家务等等），无法获得稳定的收入，就算其获得一定的收入，也将作为家庭的共同收入，不能随意支配。没有经济主动权，她们便没有多余的钱来进行健康照料。

3. 丈夫的漠视

上文中，我们已经谈到了农村妇女健康照料的特征之一就是

---

[1] 林宇:《"教育公平"内涵之多学科解读》,《宁波大学学报（教育科学版）》2011年第33卷第6期，第18—23页。

[2] 马葆芳:《"贫困代际传递"理论研究述评》,《现代商贸工业》2019年第40卷第8期，第199—200页。

丈夫的参与是农村妇女健康照料中的关键一环，她们需要丈夫的帮助、关爱，才能收获健康的身体和心理。但是一些丈夫对其妻子的疾病不闻不问，既耽搁了女性的治疗时间，又对女性的心理健康产生影响。

> 有时候和丈夫说了也不起作用，你和他说了，又不带你去看，还要骂你，讲了起什么作用？（W-2，2022年1月10日）

很多农村妇女非常关心自己的健康问题，但无奈自己没有时间去，也找不到地方，更没有人带着去，因此陷入了困境。

4.农村医疗设施的不完善

医疗设施这个硬件是农村妇女健康照料的关键所在，病有所医也是我们国家一直努力的方向。在"十三五"期间，东川区卫生计生事业发展依旧存在一些问题：卫生资源分布及利用不均衡、基层医疗卫生薄弱、公共卫生体系建设有待加强、基本药物制度实施运行不畅、卫生人才匮乏，能力有待提升、民营医疗机构尚未形成良性发展、卫生信息化建设处于起步阶段。① 鉴于此，农村妇女的健康照料保障依然面临一定的挑战。

> 人家稍微严重点就叫你新村（县城里）看病，上次就是去买药，人家不敢卖，要叫我去下面做彩超，拿着单子上来才开药给我。（W-2，2022年1月10日）

想买的药买不到，稍微严重一些就直接让去县城检查是农村乡

---

① 昆明市东川区人民政府.东川区卫生健康事业发展"十四五"规划[EB/OL]. http://www.kmdc.gov.cn/c/2022-01-07/5708563.Xhtml

镇医院的一个特征,这样的医疗设施既不能满足农村妇女健康照料的基本需求,也会耽搁最佳的治疗时间。

5. 体检的形式主义

国家针对农村妇女的健康问题,做出了一系列的措施,可以帮助广大农村女性早发现、早诊断、早治疗常见疾病,远离疾病的困扰。但是基层工作较为困难,虽然已有一定的效果,但在访问过程中,有一些农村妇女告诉我,体检较为敷衍,不能达到真正的目的。有一位农村妇女在访问中告诉我:"原来的医生是看病吃药,现在的医生是问病吃药。"让笔者若有所悟。

虽然说,现在农村体检已经覆盖得很全面,但是基层工作不够认真,并不能达到检查的目的,受访者 W-16 告诉笔者,在她看来,这个检查只是在交代差事,不能满足农村妇女健康照料的需要。

(三)中观层面:非正式网络的"副"作用

在中观层面,农村妇女所自发组成的非正式群体对她们的健康照料带来一定的"副"作用。非正式群体是指:一群主要是靠感情、道德、习惯、信任来维持的,这些规范一般是非成文的,把这一类群体称为非正式群体。农村妇女基于社会交往的需要,与她们所在村落的同性别群体经过长时间的相处,结成了一个群体之间互相关心、共同活动的"小集团"。她们会一起约着去田地里干活、一起去检查,彼此之间会互相帮助、互相鼓励,对她们自身的身心发展起到一定的积极作用。但这种集结在一起的非正式群体,也有一定的消极作用。

首先,它会导致从众心理,致使农村妇女缺乏独立的思考能力。本次调查中,有的农村妇女因为听别人说检查妇科的医生是男医生,进而就不去参加检查，或者也会因为一些去检查的朋友回来告知没有什么作用而不去检查。

这个检查妇科病的，我没有去过，因为和我比较好的一个朋友检查回来告诉我，检查的医生是男医生，我就被吓到了，不敢去了。（W-5，2022年1月15日）

再者，由于农村妇女没有经过专门的训练，仅凭"感觉"来给朋友提供意见或帮助其进行治疗，有些病情虽然症状相同，却不是相同病因，使用同样的方法是不能解决问题的，甚至一些方法或多或少都存在着一定的不确定性和危险性，也对农村妇女的健康产生威胁。

我前两天，脖子有点酸痛，就去找我家下面这个妹妹帮我按一下，但是她手劲比较大，而且使用蛮力（就是乱用力气），把脖子弄得疼得不得了。下次不敢随便找她按了。（W-2，2022年1月10日）

（四）宏观层面：社会中的"真假"信息与男女"不平等"

在宏观层面，主要是社会生活中存在的"真假"信息与男女"不平等"。首先，从信息传播来看农村妇女健康照料中的困境，农村妇女由于获取信息的渠道较为单一，电视上的广告成了她们获取信息的重要资源。但是电视上传播的信息亦真亦假，较低文化水平的她们难以辨别，对她们的健康造成了一定的威胁。

广告是信息传播非常广泛的渠道，但其中不乏许多虚假信息。在这个信息冗杂的网络时代，各种骗术层出不穷，有很多受访者表示，电视上骗子太多，她们不敢轻易相信，很多都是骗钱的。在20年以前，在街上买药的是可靠的，因为以前不管去哪里都是有证的，但反观现在，只要钱到手，一切都无须在意。也有一些受访者表示，跟着广告买的药吃完之后没有什么效果，这些因素都不利于她们的健康发展。

此外，谈到女性话题，势必离不开男女不平等问题。如今，在家庭中，特别是在农村家庭中，"男主外，女主内"的家庭模式依旧占主导地位，家务依然是女性的代名词。并且在工作中也存在性别差异，同一份工作，女性被认为没有较强的体力，其工资便低于男性，促成了经济中的性别差异。

四、探索农村妇女健康照料的改善方向

针对农村妇女健康照料的现状、特征以及其在个体、微观、中观、宏观四个层面面临的困境。笔者针对性地提出了改善建议，需要在个体层面循序渐进、微观层面添砖加瓦、中观层面转"副"为"正"、宏观层面去伪存真、由表及里，希望能为农村妇女健康照料中所面临的困境提供一定思路。这将有利于引起广大农村妇女对健康的关注，提高她们的健康照料意识，以期引起社会和政府的关注和重视，帮助广大农村妇女减轻疾病的折磨，更好地发展自己，为农村妇女健康发展贡献智慧。

（一）个体层面：循序渐进

在个体层面，针对农村妇女受教育程度低、社会角色冲突、卫生习惯较差等困境，应循序渐进，帮助其逐步改善。

首先，利用已有基础设施广泛宣传农村妇女的健康照料知识，

提升农村妇女对自己健康的关注,以克服其文化水平较低而带来的健康威胁。如今,每个村都搭起了"大喇叭"(即村子里面用来宣传森林防火、新冠疫情等相关信息的广播),可以每天在固定的时间段利用"大喇叭"播放一些健康知识小贴士。虽然很多农村妇女不识字,但她们可以利用广播来进行知识学习,在这种环境的熏陶下,她们便能从中学到一些健康小知识,使她们能够在身体不舒服时,及时地进行检查和就诊,实现早发现、早治疗、早康复的目标。

其次,发挥子女对母亲的"逆社会化"作用,帮助农村妇女养成良好的卫生习惯。随着我国教育文化事业的发展,这个年龄段的农村妇女,其孩子的受教育程度差不多都已是初中文化水平以上了,这些孩子已经获得了较好的健康知识和卫生习惯,他们从小就被教育要养成良好的卫生习惯,如饭前饭后要洗手、要勤洗澡、不能喝生水等一些健康常识。因此可以通过"逆社会化"来帮助农村妇女获取健康的生活方式。"逆社会化"即社会化是一个双向的过程,小的时候,我们在父母的帮助下逐渐获得生存技能,由生物人变为社会人,当我们获得一定知识后,我们可以将知识和文化规范传授给我们的父母,帮助其更好地适应社会发展需要。子女们学到了健康的知识,可以在日常生活中,提醒和帮助母亲避免一些不健康的卫生习惯,长此以往,将会对农村妇女健康卫生习惯的养成发挥重大作用。

(二)微观层面:添砖加瓦

在微观层面,为了应对农村妇女在原生家庭、经济主动权、丈夫、农村医疗设施以及体检五个方面所面临的健康照料支持网络欠缺困境。要充分调动各方面的力量,为农村妇女健康发展添砖加瓦。

一是要与乡村振兴衔接，增加农村妇女的工作机会，让她们发挥更大的社会价值和劳动价值，使她们拥有自己或者更多的经济主动权，进行自己的健康照料决策。拥有工作是女性独立的第一步，在访问中，很多妇女都告诉笔者，只有自己有能力挣到钱，才能自己做决定。而农村妇女由于家庭的拉力，无法到远处务工。因此，若政府能与乡村振兴相衔接，因地制宜推动当地产业发展，并积极鼓励相关企业招收女工，在乡村发展的同时，在农村创造出更多的工作机会给农村妇女。

二是要下大力度增强男性对女性健康重要性的关注与重视，丈夫是妻子的依靠，是要与其相伴一生的伴侣，农村妇女的健康关乎一个家庭的幸福，增强丈夫对妻子健康的关注，在妻子需要帮助时，能及时给予关心，并及时带妻子去医院就诊，早治疗，早安心，早健康。虽然很多男性的文化水平较高于女性，但他们在农村妇女的健康照料中，仍旧是处于旁观者的角色，他们没有意识到一些疾病的严重性，也没有意识到他们其实是一个"共同体"，因为他们是亲人、是家人、是伴侣。因此，农村妇女健康不是女性一个人的事，它也是与丈夫、与家庭休戚相关的。可以通过举行宣讲会，向男性进行女性健康知识的宣讲，以期引起男性对女性健康的关注和重视。

三要不断完善农村医疗设施，使她们能够满足需求，看到病、吃到药。农村医疗设施的落后一直以来都是一个硬伤。乡镇医院只能进行一些比较简单的检查，稍微严重一些就需要前往县城的医院进行检查。而前往县城，路途远、车费贵、耗时长，这些问题都阻碍了满足农村妇女进行健康照料的现实需求。因此，乡镇医院的设施应不断完善。

四要严格落实农村妇女的体检需求，防范形式主义的出现，认真把工作做达标，真真切切地为农村妇女服务。一些农村妇女吐槽在体检中，检查的医生们不是在检查，而只是在完成上面交代的任务，敷衍了事，不能够为她们的健康发展做出贡献。因此，应秉持既然做就要做好的态度，对工作人员进行思想教育，使医生的工作保质保量，妇女的需求得到满足。

五是乡村医生要尽职尽责，督促农村妇女进行体检，一定把消息通知到位，针对多次未去进行体检的农村妇女进行谈话了解，获取其真实需求。很多农村妇女因种种原因而不愿前往体检，对此，乡村医生除了积极动员之外，还应该与不愿前去体检的农村妇女进行交流，询问其不愿前去的原因，据此寻求一定的解决措施，帮助广大农村妇女都能够参与到体检中去。

（三）中观层面：转"副"为"正"

在中观层面，面对农村妇女朋辈群体之间所组成的非正式群体，要想方设法将非正式群体的"副"作用转"副"为"正"，发挥其积极作用。

非正式群体在农村妇女的健康照料中起到了重要作用，在这个群体中，她们互为对方的知心人，也是对方的理疗师，既治愈了身体，也治愈了心灵。身体不舒服时，她们会互相交流，寻求救治的方法，心里难过时，她们会互相倾诉，获取安慰。因此，我们要以非正式群体为一个立足点，扩大其积极作用，转"副"为"正"，进而促进她们的身心健康发展。要加强医生的职业素养和专业能力，使部分积极参加体检的农村妇女获得良好体验感，随后，她们便会通过"一传十，十传百"效应，进而动员更多农村妇女参与体检。这个非正式群体之间的信息传播是非常迅速且影响较大的。非正式群体之间的跟风行为会使她们错过一些健康照料的机会。而要使这个非正式群体发挥正面作用，则需要其获得良好体验，才能将其传播出去，把更多农村妇女号召起来。

其次，可以在社区建立一些学习互助中心，向农村妇女科普一些健康常识，让她们在互相帮助时有所注意。出于善意的互助，但由于知识的欠缺可能会产生相反的效果，若能将正确的照料方式传授给她们，便可避免这种影响。可以在村子里开设一些常见病症的救助课程，让村民们参与进来，共同学习，掌握正确的治疗方法。

（四）宏观层面：去伪存真，由表及里

就宏观层面而言，面对社会中信息的"真"与"假"以及不平等现象，需要做到去伪存真，由表及里。首先，国家应加强对信息传播的管理，杜绝虚假信息出现在人们的视野中，正确有效传播好女性健康照料信息，规范电视广告信息，传播良性信息。信息传播应持着负责的态度，不能一味地以利益为主，而失去道德的制约。国家应严格甄别信息的真假，并出台相关政策来进行虚假信息的防范和规范。

其次，男女不平等话题，由来已久，需要全社会共同努力。为此，希望国家和政府持续加强对农村妇女健康的关注，从各个层面保护处于边缘地位的农村妇女。脆弱的她们想要走出困境，一定需要外在的力量加以扶持，而除了丈夫、子女、朋辈群体外，国家和社会的帮助必不可少，这为她们摆脱困境贡献了重要力量。如：是否可以在医保里为农村妇女谋得一定的福利，对两癌（宫颈癌和乳腺癌）患者提供额外的报销制度；或者体检时发现农村妇女患病就及时跟进，并给予一定的帮扶措施（包括物质上和经济上）等等。很多农村妇女在发现患病后并不是不愿意医治，每个人都希望有一个健康的身体，疾病的困扰给她们的身体和心理都造成了危害，但较高的

治疗费用让她们望而却步，宁愿忍受病痛的折磨。若对参加体检中发现患病的农村妇女，及时进行处理，就能减少农村妇女久拖不医、病情加重的问题。对于患病较轻的，医生及时跟进，为其做出治疗规划，开药物帮助其治疗，并留下联系方式，定期询问其恢复情况。若患病较为严重的，则及时通知其丈夫，并联系相对应的医院进行对接，在治疗过程中，若医疗费用较为昂贵，则可以为其开具证明，请村干部帮助其申请临时救助，减轻其经济压力。如此，便能够在患病较轻时及时医治，患病较重时，多方对接、共同协作，促进农村妇女的疾病救治和健康发展。

五、总结

兼具农村与女性双重弱势身份的农村妇女，受教育程度普遍较低，对疾病一直以来都是持着"不打紧"的态度，导致病情逐渐累积。本次调研的20名农村妇女，她们身上有着太多的共性：都生活在一个比较艰苦的年代；都属于计划生育严管的时期；都是主要从事农业劳动的农村妇女。访谈过程非常顺利，她们很愿意敞开心扉谈自己的人生经历，向笔者真实地讲述了她们的生育经历、生活经历、患病经历、治疗经历，其中包含着她们的无奈与忍耐，笔者被她们的坚韧所感动。她们是一个相对弱势的群体，但她们也有自己的智慧。她们与同村同性别群体组成了一个非正式群体，在日常生活中会互相帮扶，互相安慰，在需要的时候彼此伸出援助之手；她们也会互相学习，模仿其他人的健康照料路径。她们从那个穷苦的年代一点点坚强走过来，在面对困难时勇往直前，她们是好妻子、好母亲、好儿媳、好劳动者。

研究发现较多农村妇女的身体和心理处于亚健康状态；在健康

照料中呈现出自我照料与他人参与的"内""外"相结合特征；她们的健康照料处于"后台"；丈夫的参与是其健康照料中的关键一环。透过多元交织视角，笔者从个体、微观、中观、宏观四个层面发现农村妇女在健康照料方面分别面临科学照料基础薄弱、社会网络支持不足、非正式网络的"副"作用以及社会中的信息"真假"与男女"不平等"等困境。基于她们在各个层面所面临的困境，针对性地提出了改善方向。笔者希望通过此次调查，将她们的故事讲授给更多人，为农村妇女健康贡献自己的微薄力量；也希望更多的人能够聚焦到这一群体，为她们的健康和发展贡献智慧。研究路径如图2所示。

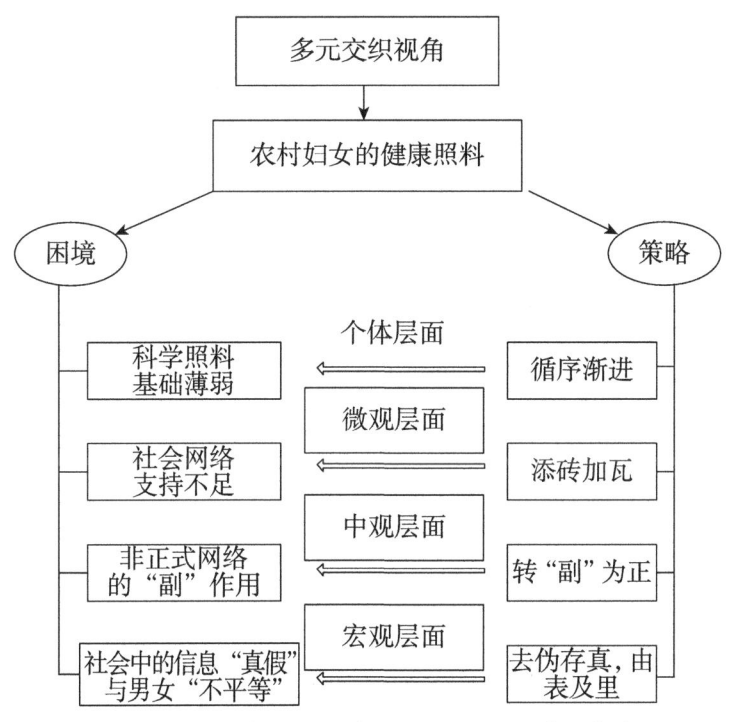

图2 多元交织视角下农村妇女的健康照料研究路径图

参考文献

[1] 蔡一平. 妇女与健康 [J]. 山东女子学院学报，2020(04).

[2] 李志霞，丁丽. 对农村文化贫困女性的社会学考究 [J]. 学术交流，2012(08).

[3] 胡玉坤. 疾病负担、结构性挑战与政策抉择——全球化图景下中国农村妇女的健康问题 [J]. 人口与发展，2008(02).

[4] 世界银行. 对健康投资——1993年世界银行年度报告 [R]. 北京：中国财政经济出版社，1993.

[5] 王临虹. 妇科常见病防治 [M]. 北京：中国协和医科大学出版社，2008.

[6] 郭亚莉. 典型贫困地区农村妇女生育观念和健康状况调查与分析 [J]. 西北人口，2011，32(06).

[7] 毛京沭，宗占红，舒星宇，孙晓明. 我国农村中老年妇女生殖保健现状研究 [J]. 中华全科医学，2015，13(10).

[8] 杨标，乔慧，咸睿霞，李琴，陈娅楠. 宁夏五县农村妇女健康公平性及其影响因素分析 [J]. 中国公共卫生，2020，36(01).

[9] 杨爽，才运江，周郁秋，赵一莎，王正君. 中国农村妇女性健康研究现状及影响因素 [J]. 中国公共卫生，2017，33(12).

[10] 孙志城，崔颖，杨丽，韩晖. 中国中西部地区农村妇女生殖道感染现状及生活行为影响因素分析 [J]. 中华流行病学杂志，2010(09).

[11] 耿波. 农村和城镇已婚女性妇科普查结果分析 [J]. 国际检验医志，2013，34(04).

[12] 田慧. 解析农村妇女妇科病的卫生现状、预防及治疗 [J]. 中国卫生产业，2013，10(15).

[13] 徐菊莲. 24099例农村妇女宫颈癌和乳腺癌筛查结果分析 [J]. 中国妇幼保健，2012，27(16).

[14] 胡月，龚磊，陈福宽，孙大勤，王萱萱，董昀球，康琦，陈家应. 农村已婚育龄妇女健康状况及保健意识调查 [J]. 中国妇幼保健，2013，28(09).

[15] 杨凤. 基于半结构式访谈的名老中医原创思维方法应用研究 [D]. 北京中医药大学，2020.

[16] 苏熠慧. "交叉性"流派的观点、方法及其对中国性别社会学的启发 [J]. 社会学研究，2016，(4).

[17]Zhang M, Wang LH. Cervical cancer screening rates among Chinese women-China, 2015[J]. CCDC Weekly, 2020, 26(2).

[18] 胡娟. 如何做好社区妇科常见病的防治工作 [J]. 大家健康 (学术版), 2014, 8(09).

[19] 林宇. "教育公平" 内涵之多学科解读 [J]. 宁波大学学报 (教育科学版), 2011, 33(06).

[20] 马葆芳. "贫困代际传递" 理论研究述评 [J]. 现代商贸工业, 2019, 40(08).

路桥建设工程队组织决策研究
——以昆明某桥路建设项目工程队为例

作　者：穆海涛
　　　　云南大学民族学与社会学学院
　　　　2016级社会学
指导教师：陈晓婧

一、绪论

(一) 研究背景

随着改革开放以来社会主义市场经济的快速发展,我国已步入现代化和城市化的进程。在城市建设中建筑工地遍地开花,工程队作为城市建设的基本单位,在城市建设中发挥着至关重要的作用。在建筑工程领域里,路桥建设具有的特殊性区别于其他的建设项目。路桥建设在建筑中具有专业化程度高、分工精细、工序复杂等特点,以机械化为主的工作形式不同于传统建筑工地以农民工的人力劳动为主,因而在路桥建设中对施工现场的管理要求更高、更专业。尽管路桥建设工程队具有完整的组织结构以及较为成熟的决策模式,但也存在着诸多问题影响工程队的组织决策。因此,把路桥工程队作为研究对象研究其组织决策具有一定的理论意义和现实意义。

(二) 研究目的和意义

路桥建设工程队在我国基础设施建设中发挥着重要作用,是工程建设的具体执行者,但绝大多数工程队在规模上较小,运行上也缺乏规范性。本文对路桥建设工程队的组织决策研究,正是对建筑行业内的工程队管理模式的探索和解释。在理论意义上,借助现有的组织社会学和管理学理论对工程队组织决策中的影响因素进行理论解释,一方面是对组织和管理理论能否下沉到一个具体组织,如建设工程队的检验;另一方面通过两个具体的案例体现理论的实践性,将理论与实践结合。

(三) 文献综述

笔者在文献查阅中发现，有关建筑工地组织管理的研究较少，大多是从农民工及工程安全质量方面进行研究，并且有关工程队的研究多为管理学视角。通常，管理学的研究以提高组织活动的效率和效果为目标，其重点在于组织内的资源配置和组织目标的实现。而组织社会学的研究对象是组织现象，以及通过对组织本身的研究，解释组织现象背后的因果关系。虽然组织社会学的最终目标也是解决组织存在的问题，并提高组织活动的效率和效果，但分析路径与管理学不同。此外，在工程队的研究中，以路桥建设工地为对象的研究较少。因此本文以路桥工程队作为研究对象，在组织社会学理论视角下，对工程队进行组织决策研究。

笔者对组织决策的文献综述将从决策的定义、作用以及组织结构对决策造成的影响等几个方面进行整理。

1. 组织决策的相关研究

（1）决策的定义和作用

关于决策的定义。沈原认为所谓决策就是为未来一段时间的行为制定多种可供选择的实施方案，并最终决定采用哪种方案的过程[1]。孙非认为决策是针对现阶段存在的问题或者未来的目标，尽可能制定出多种解决方案，并从中选择并执行最佳决策方案的全部活动过程[2]。张德认为所谓决策就是从几种备选方案中做出最佳选择的过程，决策需要有问题和目标的存在，并且需要有多种可行的方案。在三种定义中均提到了决策的目的是解决问题或者实现目标，决策需要有多种备选方案，从而能选择最优方案[3]。

---

[1] 沈原:《市场、阶级与社会》，北京：社会科学文献出版社，2007年，第219页。
[2] 孙非:《组织行为学》，大连：东北财经大学出版社，2003年，第325页。
[3] 张德、吴志明:《组织行为学》，大连：东北财经大学出版社，2002年，第290页。

关于决策的作用。决策在现代组织的运行中发挥着关键作用，能够有效达成组织目标以及解决组织问题。西蒙教授作为现代决策理论的奠基人，引用西蒙教授的经典结论——"管理就是决策"。在现代组织中随时都面临决策的问题，决策的效率以及准确，对组织的盈利甚至前途有着十分关键的影响[①]。

关于决策的流程和内容。决策的基本流程为五个方面，分别是计划、组织、指挥、协调和控制，这些方面贯穿于决策过程的始终。在决策的内容上，决策需要具有四个基本内容，分别是决策的目标性、决策实施、决策优化、备选方案。从具体上来说，第一是决策的目标性，决策倘若失去了目标就没有了存在的价值。第二是决策要具有可实施性，决策的目的就是能够服务于实践，决策如果没能付诸实践就失去了其存在的价值。第三是决策要进行优化，在决策制定中要尽可能地以最小成本和代价来实现预定目标。第四是决策要有多种方案备选，倘若在决策中只有单一的决策方案，决策既没有了价值，也不能对决策进行最优选择[②]。

（2）组织结构对决策的影响

关于组织结构的设置。在任何一个组织里面，科学的决策对组织的发展有着十分关键的影响，在组织中决策权力划分具有严格的层级关系，从而形成了上下级、管理与服从的关系。组织结构的设置不仅可以从经济学和管理学视角解释，在嵌入视角中，组织是置身在复杂的社会关系网络中，其组织架构的制定和效率关系不大，很大程度是为了适应外部复杂性而建立的。在组织结构的设置中，由于组织在运行中面临的情况具有复杂性，为了让组织具有灵活性，

[①] 李伟：《组织行为学》，武汉：武汉大学出版社，2017年，第256页。
[②] 郭松：《行政管理中组织决策的价值工程研究》，《现代交际》2018年第8期，第226—227页。

能够快速处理各种突发情况，有必要建立多级决策中心同时并存的决策体系，在组织架构设计中，使组织结构扁平化，以此来提高员工对组织决策的参与度，缩减管理层次，扩大管理的幅度[①]。组织结构显示了对一个组织中决策权利的分配。常见的组织结构形式可分为四种类型，分别是职能型、矩阵型、模拟分权型、事业部型(分部型)，每一种结构都有着相应的实施要求和局限性。因此企业需要以发展的、动态的眼光来设计和选择组织结构，并以此作用于企业的组织决策[②]。

（3）关系格局对决策的影响

就管理学视角，是把组织与组织成员看成是"经济人"，他们之间的关系仅仅是经济关系，这是国内组织关系研究中的一个研究倾向。而事实上，各类组织是社会的缩影，组织与组织成员之间的关系难以用经济模式中的简单雇佣关系来阐述，必须从社会学的角度去重新解读，在研究企业组织与员工关系时，要考虑众多社会学的因素，需要重视组织中的关系格局对决策的影响。关系格局在工程队决策中的作用主要是从两个方面，一是对工程队的决策过程造成影响，提高工程队成员决策的积极；二是为工程队决策提供信息支持[③]。

2. 建设工程队的相关研究

（1）建设工程队的权力格局相关研究

在一个建筑工地中存在复杂的权力关系，在日常施工中要处理和协调多方之间的关系，对于一个工程队或者建筑公司，不仅需要面对自己内部的权力关系结构，还要处理外部的权力关系结构。从工程队外部的权力关系架构来说，工程队在建筑项目中通常位于建

---

① 解进强：《组织结构对企业机遇决策行为的影响分析》，《商业时代》2010年第15期，第80—81页。
② 项兵、王廷芳：《全过程工程咨询服务企业组织架构及部门设置建议》，《中国工程咨询》2019年第3期，第70—75页。
③ 俞明传、顾琴轩、朱爱武：《员工—组织关系与创新行为》，《研究与发展管理》2014年第26卷第3期，第41—51页。

设单位（甲方）、监理方以及施工单位三方的权力构架之中。权力从建设单位（甲方）到施工单位，再到监理单位，最后到每一个工程队，这样的纵向权力架构，工程队通常位于权力结构中的最低位置，对于比自身高的每一级都需要服从[1]。因此工程队的决策是建立在多个上级共同领导的基础上的。

在工程队的内部，则通过技术以及管理方面的区别，工程队的工人可分为核心工人与边缘工人。核心工人是具备相应的施工技术或者管理能力的工人，这样的工人在工地权力结构中处于关键位置，通常为工地实际的管理者和决策者；而边缘工人通常是只有特点技能的工人，边缘工人需要服从于核心工人的管理安排，核心工人在建筑工地上是作为工程队老板的代言人以及工地的实际领导者。工程队的内部管理制度比较模糊，通常在建筑工地或者工程队中，不具有正式的管理制度而形成明确的权力结构和管理机制[2]。在工程队内部由于缺少明文的规章制度，所以工地的管理依赖于包工头的权力，包工头通过行使解雇权和长期雇佣权这两种权力，对建设工程队中的工人进行约束[3]。

（2）建筑工程队的关系格局相关研究

建筑工地通过朋友和同乡以及亲戚等关系联结而形成了关系霸权，关系霸权通过制造忠诚、软性约束以及拿捏分寸等运作机制，在包工头与工人之间形成了认同、信任。农民工是建筑工地的主要从业者，因为受到其农村生产生活经历的影响，会将其在农业生产中的生产逻辑带到建筑工地上，用人情的方法理解工地的控制和抗

---

[1] 钱惠玉：《建筑工地中非正式生产政体的构建——基于X工程队的个案研究》，哈尔滨工业大学，2017年。
[2] 任正树：《关系脱嵌与博弈壁垒：建筑工地的孤岛隐喻》，华中师范大学，2014年。
[3] 蔡禾、贾文娟：《路桥建设业中包工头工资发放的"逆差序格局""关系"降低了谁的市场风险》，《社会》2009年第29卷第5期，第1—20、223页。

争过程，通过先赋的社会网络维持劳动生产工资以及换工安全。[1] 私人关系成了这个行业的敲门砖，私人关系的影响不仅局限于行业准入，而且对后续建筑行业工地的正常运转都有着重要的影响[2]。

（3）路桥建设工地的特点

路桥建设工程存在着施工周期较长、覆盖面积较大、参建企业较多等特点，这些因素使得路桥建设项目难度高于一般建筑项目。一个建筑工地的现场管理通常需要兼顾很多方面。路桥建设项目的施工管理主要可分为人员、材料、技术、财务管理等几个方面。

建筑项目中的各类关系网也对项目的建立以及运行起着关键作用。但遗憾的是本次没有找到综合建筑项目权力架构和关系网络等因素而对建筑项目的决策进行研究的文献，也缺少关于路桥工程队组织管理的相关研究，是目前建筑工地研究所空缺的方面。

（四）研究设计

1. 概念界定

（1）路桥建设工程队

工程队属于建筑行业，在生产力投入中最重要的是劳动力以及各类机械设备，对固定资产和流动资金的要求比较高。本文研究的领域为路桥建设项目，是建筑行业中的子领域。

（2）组织决策

本文研究的工程队组织决策，具体指工程队在既有社会和制度环境中以实现项目正常运转为决策目标，工程队通过计划、组织、协调、指挥和控制等几个环节制定多种备选方案，并通过进一步优

---

[1] 周潇：《关系霸权：对建筑工地劳动过程的一项田野研究》，清华大学，2007年。
[2] 赵炜：《"双重特殊性"下的中国建筑业农民工——对于建筑业劳动过程的分析》，《经济社会体制比较》2012年第5期，第47—54页。

化决策确定最优方案，尽可能地以最小成本和代价来实现预定目标。而工程队的四个主要管理方面分别是材料、机械、技术和人员，因此决策也围绕这四个方面进行。

2. 调查对象

本文选取同一项目中的 A、B 两支工程队为研究对象。A、B 两支工程队为最典型的路桥工程队，具有相似的组织结构，但又在人员组建方式、组织结构中具体职能安排、决策参与模式等方面存在差异。因此，同时研究这两支工程队，更有助于了解工程队决策的影响因素，以及这些因素如何作用于工程队的各类决策。且通过对两支工程队的对比研究，可以进一步验证组织架构和关系格局这两大因素在工程队组织决策中发挥的作用。

3. 调查方法

本文主要采用参与观察法和个案研究法，选取两支工程队为研究个案，在其日常管理中对工程队的决策过程进行细致观察和记录，整理出两个工程队组织决策的特点，进而分析影响工程队决策的因素。笔者曾在 A 工程队通过毕业实习的方式调查研究长达三个月，参与工程队不同阶段的施工工程，获得较为翔实的资料；而 B 工程队与 A 工程队属于同期进行的同一建筑项目，大部分资料为访谈其管理人员所得。

二、个案基本情况

（一）个案工程队外部情况

1. 工程项目总体情况

笔者所调查的建筑工地属市政工程项目，市政道路的技术要求接近高速公路，且需要预埋各类管廊、预留轻轨线路，工序较为复杂。

该项目由云南省建设投资有限公司为总建设单位，公司把整个项目承揽下来后，将道路工程分为若干段，每段设立一个项目部，并把每一段的工程通过招投标的方式，分包给多个工程队。项目部负责指导和监督施工的作用，具体施工则是由各个施工队来进行。笔者调查的工程队属于立交区项目部，因处于立交区，桥梁匝道较多、道路情况复杂。该立交区从2016年开始建设，在2019年7月10日实现了主要道路部分的通车，在笔者调查时还有部分路段和道路的配套设施处于路基修筑中。

2. 工程项目的权力架构

（1）项目整体权力架构

```
        云南滇中新区规
        划建设管理部
          建设单位
             │
        嵩昆路建设指挥部
        建设单位驻现场代表
             │
   ┌─────────┼─────────┐
上海市政工程设计  云南省公路工程监  云南省建设投
研究总院(集团)   理咨询有限公司    资有限公司
   设计单位       监理单位        施工单位
                                    │
                              嵩昆路立交
                              区项目部
                               下属项目部
```

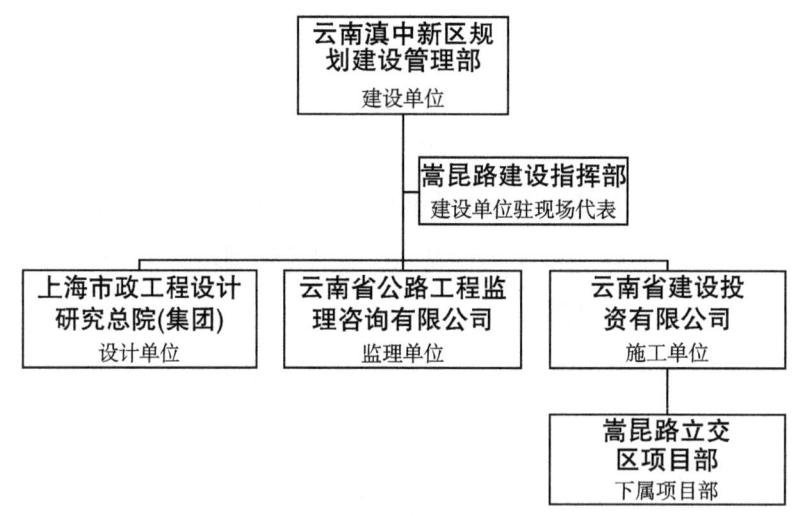

图1 项目整体权力架构图

该项目的建设单位为滇中新区规划建设管理部，该单位为项目甲方，出资建设和总体规划，并按照国家有关规定，将设计、施工和监理分为三家单位。项目施工前，由设计单位上海市政工程设计研究总院完成地貌勘测等前期工作，做出设计图纸以及工艺标准，再由施工单位云南省建设投资有限公司下属项目部来组织和指挥工程队进行施工，最后由监理单位云南省公路工程监理咨询有限公司按照设计的标准监督施工。而云南滇中新区规划管理部作为甲方也就是业主，不能直接监督施工，只能通过设立嵩昆路建设指挥部作为甲方代表来对施工的进度进行管理。

甲方代表只参与大方向的管理，如项目进度、施工安全以及项目征地，但每一项工程量的确认都需要甲方代表签字。因此指挥部（甲方代表）处于项目的最高权力地位，无论是设计、施工或监理单位都要服从指挥部的管理，且三个公司互相制约、互相监督。设计单位的图纸、工艺要符合实际，当建设单位（乙方）按照相应设计施工出现问题时直接协调设计单位修改，无法协调则由甲方出面。建设单位施工完成的项目由监理单位根据设计单位的相应设计标准来检验，检验完成后方可交付。

（2）立交区项目部的权力架构

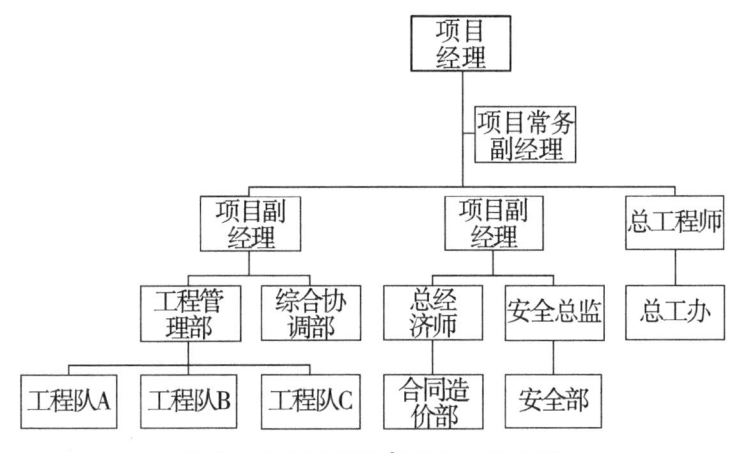

图2 立交区项目部的权力架构图

立交区项目部由建设投资有限公司下设，主要工作就是指导和监督工程队的施工，以及给施工队计量和安排项目施工总体计划。由于立交区工程难度大，是整条嵩昆路上持续时间最长的工程，多次更换主要领导。在项目部的分工中，施工和技术分开，由工程管理部来负责现场施工，总工负责技术。具体来说，现场施工是工程管理部指挥，但最后计量时找总工办。总工办完成后交合同造价部结算款项。安全部并不参与施工细节，只监督各个工程队施工安全问题。综合协调部对接设计方和监理方，以及负责材料后勤等事务。

工程管理部工作内容是对接工程队，它会安排相应的工长对接每一个工程队，指挥工程队的施工，安排日常的具体工作任务，协调工程队之间的问题。总工办将图纸设计和工艺标准交接给工程队，隔一段时间就会有一次技术交底会，工程队和总工办人员参加，内容是从技术方面给予工程队指导。在工程队完成周期任务后，也是工程队对接总工办来计量。工程部计好量之后，由合同造价部来核算资金，最后做成结算资料上报给公司，公司才会把工程款拨给工程队。安全部则主要负责工程队施工现场的安全教育、安全管理。

（二）个案工程队内部情况

1. A 工程队个案情况

（1）A 工程队基本情况

A 工程队于 2016 年底签订施工合同，属于专业分包合同。并于 2017 年初组织施工队伍进驻立交区，主要负责路基、绿化以及道路边坡方面的工程项目。路基和绿化相较于其他部分来说工艺要求不高，施工关键点在于对材料的计划、分配和调度。对路基材料的调配直接决定着项目的盈利与否，工程队要想盈利则需要通过有效的施工决策，来实现机械和材料的最大化利用。

在项目进度情况方面，原本 A 工程队项目进度可以自行安排，工作面不用受制于其他工程队。但由于其他工程队的施工进度建立在 A 工程队修筑的基础上，A 工程队受到甲方和其他工程队的压力较大，决策中也要协调其他工程队，追赶进度时加班比较频繁。至调查后期，A工程队的各类人员数量已从笔者首次进入时的100余人锐减到50余人，机械设备也由数十台减少为8台。

在分包商情况方面，A工程队老板以前主要从事房建及乡村公路项目，这个项目是其接手项目中造价最高、工艺相对最复杂的工程项目。由于他并非从建筑行业基层开始从业，专业知识相当有限，对工程管理也不是很精通。A工程队目前挂靠在云南红丰建筑工程有限公司名下，工程队的经营独立于公司，由工程队的老板（分包商）进行管理，自负盈亏，最后将一部分的利润上缴公司。

（2）A工程队人员情况

工程队目前有管理人员7人，后勤人员2人，现场管理实习生3人，机械驾驶员9人，渣土车驾驶员10人，下属两个劳务分包队人数在20人左右(不固定)。有机械8台，自有3台，其他机械为租赁。工程队将施工与财务、材料、后勤分开，施工和技术由总工统一负责，而财务、材料和后勤是向老板汇报，并且与施工技术的管理独立开来。具体人员职能如表1所示。

表1 A工程队人员职能表

职位	所有负责工作
总工	根据设计要求协调安排施工，对接甲方和监理，完成计量工作
测量员	协助总工工作，主要负责现场测量放线
施工队长	根据总工安排来组织现场施工
施工员	组织机械和人员完成相应部分施工
现场实习生	协助施工员的相关工作
劳务分包队长	根据工程队需要组织安排工人
运输车队队长	根据工程队项目需要组织运输车队

（3）A 工程队组织结构

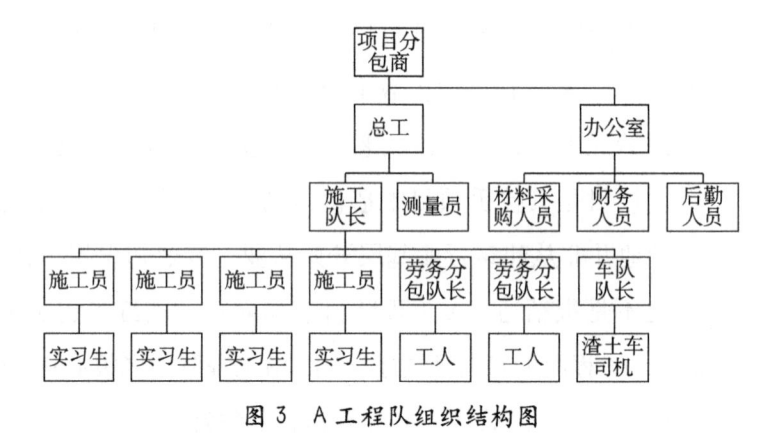

图 3 A 工程队组织结构图

在 A 工程队中施工和技术并未分开。总工负责制定现场施工的计划，施工队长作为常驻现场的管理者，负责安排各个施工员的具体工作，再由施工员带领工人或者机械完成具体的工作。运输车队以及各个劳务分包队也由施工队队长直接管理。劳务分包工程队完成工作后，则由总工安排测量员来进行计量。材料以及财务后勤独立于工地的管理之外，因为财务和材料是工地最重要的工作之一。

通常来说，建筑工地禁止管理人员直接接触财务和材料，而由公司办公室负责，仅听从老板的垂直管理，与工地管理人员分离开来。办公室还兼管其他工地的财务和材料，和工地管理人员没有直接的联系，甚至工程队管理人员和办公室的人员是完全不相识的，购买与提运材料由技术人员对接老板，再由老板对接办公室的材料人员去执行。在工地日常工作中，总工通常在项目部办公，不会经常到施工现场。而施工队长和测量员是常驻现场的，现场出现的一些问题，会由施工员或者分包队长向施工队长反映，施工队长能解决的就自行安排解决，或者和测量员商量来寻求解决，测量员是现场最懂技术和熟悉图纸的。如果涉及问题比较复杂或者需要对接甲方以及其他工程队，则由总工来出面解决。在 A 工程队中，机械的安排是由总工和施工队长做出安排，在施工现场如果需要调整，则是各个施工员自行对接。现场需要放线或者测量则是由施工队长对接测量员来进行。

2.B 工程队个案情况

（1）B 工程队基本情况

在工程项目情况方面，B 工程队从 2017 年初进驻嵩昆路项目，在立交区施工时间接近三年，完成了整个立交区的大部分配套工程及部分路基修筑。B 工程队现阶段主要负责立交区部分未通车路段的路基施工以及综合管廊、人行道、路缘石、土沟开挖等附属设施的搭建。

在项目进度情况方面，B 工程队的大部分工程项目依赖于其他工程队的进度。比如综合管廊的修筑需要工程队 A 先挖好土沟，修筑人行道和路缘石又需要路面公司先修筑好路面部分，所以 B 工程队的决策会受到其他工程队的影响。现阶段 B 工程队有各类人员 40 余人，有机械 5 台，其中只有 1 台为自有，其他机械为租赁。

在分包商的情况方面，与 A 工程队老板相反，B 工程队老板最初从一个现场施工员做起，积累一些资本后开始组织施工队分包工程，后面又创建公司，但后来把公司注销了，通过挂靠其他建筑公司的资质来参加工程招投标。因此他对工地的管理和技术比较熟悉，对人员组织分配也比较精细。

（2）B 工程队人员情况

B 工程队的施工基于其他工程队进度，容易受到其他工程队制约而导致施工缓慢、人员闲置，因而决定缩减人数。在工期不紧张时，技术人员和施工人员都相应缩减，从 100 多人缩减到 40 余人。工程队目前有管理人员 11 人，以及 5 名各类机械的驾驶员。在人员分配上，B工程队把工人分为2个施工班组和4个专业施工队，共有40余名工人。B工程队是依靠家族组织起来的，11名管理人员中只有负责技术的总工和其他2名技术人员不属于这个家族。B工程队按照业务将现场施工分为5块，工地主管和4个施工队队长分别负责不同的业务板块，工地主管以及所分管的施工队伍主要负责路基部分和各类较为零散的工作以及配合其他施工队的施工，其他4支施工队则分别进行人行道、路缘石、钢筋、水沟的施工。4支施工队的队长都与老板同属一个家族，而施工队员由队长自行组织，独立于老板管理。不同于普通的工程分包，B工程队的施工队队长参与到整个工程的管理当中。而在工地主管管辖的工人由老板直接雇用，再由工地主管代理老板进行组织和管理。具体职能如表2所示。

表2 B工程队人员职能表

职位	具体负责的工作
总工	技术总负责、对接甲方工艺要求、完成计量工作
测量员	负责施工现场测量放线、协助总工其他工作
工地主管	对接甲方要求、组织协调现场施工
带班长	组织工人和机械完成路基施工、配合其他施工队工作
机械管理员	统一安排机械的调配使用以及机械的维护加油
人行道施工队队长	组织工人完成人行道部分的施工
路缘石施工队队长	组织工人完成路缘石部分的施工
钢筋施工队队长	组织工人完成钢结构部分的施工
水沟施工队队长	组织工人完成土沟部分的施工

（3）B工程队组织结构

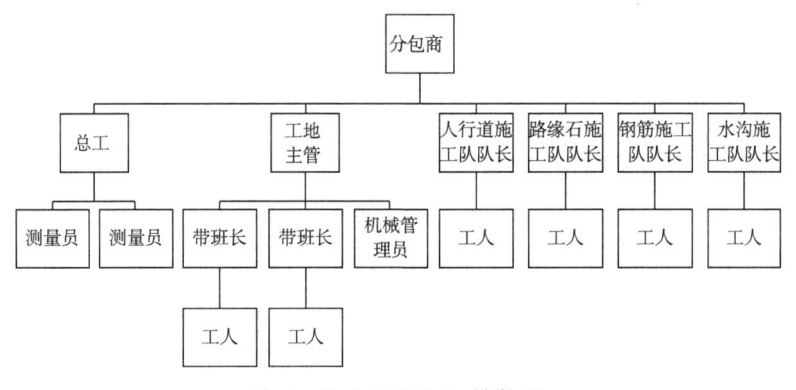

图4 B工程队组织结构图

在B工程队人员分工中，施工队之间的协调由老板进行，施工队队长直接向老板报告，且各个施工队的任务比较明确，都有各自的施工计划和施工进度安排。工地主管所带领的两个施工班组，分别设有带班长，负责标段中最主要的项目，工程量也是最大的，如路基的开挖和回填，几乎是全机械进行的，对人工要求不高。机械也是由工地主管这边的队伍来进行统一组织管理，并且配有一个专门的机械管理员。

（三）工程队的决策模式

1. 决策类型

（1）常规决策

常规决策是工程队日常管理中遇到问题的决策，通常会提前计划好或有过多次经验的决策。工程队的常规决策可分为有关人员的决策、有关材料的决策、有关技术的决策和有关机械的决策等四类。对工地决策的研究可以从这四个方面的研究出发。

第一，有关人员的决策。从人员组织方面来说，包括工地管理人员和工人的招聘、面试、薪资待遇的决策，安排每个人的职位、权力、分管方面的决策。如果需要劳务分包，还涉及劳务分包队的选择、价格制定、工程进度方面的决策。从人员的管理方面来说，包括管理人员、普通工人、机械驾驶员、运输车驾驶员日常工作的决策，人员上下班、加班安排的决策，按人员划分工作任务的决策，以及人员奖励、惩罚、解雇的决策。

第二，有关材料的决策。从材料的购买上来说，包括购买材料的类型、数量、供给方式的决策。从材料的管理上来说，建筑工地的材料不仅来自购买，也来自施工现场。在公路修筑上用量最大的材料就是土和石头，很多材料是可以就地取用的。因此材料的管理决策就是材料的调运、堆放储存、操作处理的决策。从材料的运用上来说，包括材料如何运用的决策，材料的运用更多是技术层面的决策。还有涉及材料的安全的决策，防止材料被偷或者被雨水破坏。

第三，有关技术的决策。技术决策涉及两方面，一是有关现场技术的决策，包括在特定部位运用什么样的工艺、工序，特定部位所需运用何种材料的决策，以及对现场施工的技术人员派驻、技术人员抽调、给予现场施工技术帮助相关的决策。二是关于计量的决策，包括对内计量决策，主要涉及劳务分包队以何种标准、合格不合格、量的多少完成的工程量；对外的计量决策，涉及整个工程队完成的工程量的结算，工程量分配在什么结算种类中、具体工程量的制定、运用何种运算计量方法都是技术决策的范畴。

第四，有关机械的决策。在前期决策中，涉及需要什么类型的机械、需要的数量、获取方式、租赁的时间和价格等决策。在对机械的管理决策中，涉及给机械安排什么工作、如何调用、如何配合施工，以及机械的维护等决策。

（2）临时决策

临时决策也是工程队日常管理的重要部分。工程队在施工管理中遇到的情况是纷繁复杂的,无法事先针对每一种情况做出预案,因此需要现场做出临时决策。按照临时决策需要面对的情况可分为临时工作任务指派或现场突发情况。临时的任务指派通常来自甲方或者是工地老板的临时决策。通常是其他部分工作面需要临时施工,需要做出的决策有临时抽调人员、机械,重新安排工作任务的决策。而现场施工会遇到很多突发和意外情况,包括机械故障、人员受伤以及现场实际不符合预期,导致原先施工方案无法正常进行。这些都需要进行现场的临时决策。

2. 决策流程

笔者通过参与观察工地的各种决策过程,依据参与人数和人员类别将工地决策归纳为直接决策、关键人员决策、讨论决策与会议决策。

表3 各类决策的参与人员

会议决策	讨论决策	关键人员决策	直接决策
由现场施工人员、技术人员以及各个施工管理人员参与会议做出决策	由施工人员和技术人员或者施工人员之间进行讨论做出的决策	通常施工问题或者技术问题由具体人员决策	由直接负责的管理人员进行的个人决策

(1)会议决策

两个工程队中会议决策的频率并不高,A工程队一个月通常会组织两次会议,其中一个重要原因是上级(甲方)安排了节点任务,工程队内部开会分配任务。B工程队一个月通常只有一次,B工程队的家族管理模式使得会议决策并不受重视。

(2)讨论决策

讨论决策在工程队中频率较高,通常在每天晚上会有一次讨论决策，主要是管理人员之间讨论第二天的施工安排，或者有时工程队老板到工地与管理人员讨论目前的问题和解决办法。总体来说每天都会有一次到两次的讨论决策。

（3）关键人员决策

关键人员决策频率很高，日常施工中的人员和机械调动都会采用关键人员决策。参与者一般是需要做出决策的管理人员，如施工员之间，或是施工队长和施工员之间，也会是工程队老板和管理人员之间，一般由涉及的人员来发起。关于关键人员决策的过程，因为涉及的人数通常为2~3人，所以决策制定过程比较简单，参与者之间协商方案，最后做出决策。很多情况下不用面对面地交流，可以通过对讲机、微信或打电话来商量。

（4）直接决策

直接决策在工程队中是随时都在进行的，适用于在管理者权限范围内，通常是对自己负责的工作面，且对其他工作面影响不大的决策，或是主要管理者和工地老板不经过商量而直接进行的决策。

3.决策的人员参与情况

以下为A工程队20次具有代表性的决策，记录了每一个决策的参与人员和最终做出决策的人员。

决策项目	老板	总工	施工队长	施工员	测量员
路面打扫	●		●		
边坡修筑	●	●	●		
偷拿水泥			●		
人员安排	●	●			
计量方式		●		●	
倒土位置	●			●	
绿化用土	●			●	
下班时间	●		●		
任务分配	●	●	●		●
承接项目	●	●	●		
小工安排	●				
人员招聘	●				
人员开除	●	●			
机械调动				●	
偷换材料		●	●		
材料决定		●	●		●
施工位置		●	●	●	●
材料调运		●	●	●	
施工安全		●	●	●	
人员抽调		●	●		
参与决策次数	10	12	12	8	3
最终决策次数	9	4	3	1	0

图 5 决策参与情况统计图

三、工程队决策的影响因素

（一）权力架构对工程队决策的影响

1. 工程队内部的权力架构

（1）工程队内部的职能分工

工程队的职能分工根据职位来确定，有着较为明确的分工。根据 A、B 两支工程队的调查研究发现，工程队内部职能分工是影响决策的重要因素。在工程队的职能分工中，主要为技术与施工、机械管理、材料与财务三个方面，并分别影响工程队的决策。

第一，技术与施工现场的分工对决策的影响。A、B 两支工程队在职能分工中都有施工技术和施工现场分离的特征。据管理人员解释，是因为技术人员薪酬远远高于施工管理人员，技术和现场的分离可以让技术人员专注于技术方面的工作，而现场管理人员只懂一部分技术，由他们来负责施工现场，这样可以最大化利用技术人员工作时间以节省工程队的人力成本。但是这样分工会存在一些问题，尤其体现在决策方面，可以从工序决策、计量决策两个方面来看。

首先是工序决策。技术人员比较熟悉图纸标注的使用材料、施工流程，但具体的安排和操作由施工管理人员来进行。而现场具体工作的决策往往由现场施工人员根据以前经验决策。在工程队中技术人员较少，几乎不会参与现场施工，所以施工现场施工的决策通常是由相应的现场施工员来做出。但由于技术人员无法及时参与现场施工导致了一些施工不符合规范又重新返工的情况。其次是计量决策。计量直接关乎工程量能否结算为工程款。为了最后工程能够顺利结算，需要在施工中不断测量采集数据作为数据资料，拍下照片作为影像资料，以及对合同中没有涉及的工作面需要找到甲方人员签字做成临时签证材料。如果数据、影像、签字三种资料有缺失，将对后续的计量工作造成困难。而这些前期资料的准备工作需要现场人员跟技术人员密切配合，现场人员需要随时做出决策。但因决策出发点不同，两方对接时常出现问题。

第二，机械管理的分工对决策的影响。机械管理也是工程队管理中的重要内容，需要机械管理人员根据任务安排提前做出，如机械安排、维修保养等。对机械的高效管理有助于节省燃油油费以及在有限时间内发挥机械最大化的作用。但部分工程队没有重视这一问题，对机械管理的分工也不明确。

第三，材料和财务分工对决策的影响。如果由现场管理人员或技术人员兼职负责购置材料，有关材料的决策会省去很多障碍，但事实上财务独立于技术和现场管理。A、B两支工程队通常由管理人员决策材料的种类和数量，再由独立于工程队的其他专门的人员来做出采购的决策。因此材料决策实际上由工程队技术人员、工程队老板以及专门的材料采购人员三方共同完成，三方决策前后的沟通尤为重要。技术人员讨论决策材料的数量、种类、规格等，由主要技术人员对接老板，再由老板根据财务状况和以往经验做出数量和预算的决策，并对接材料购买人员，最后由购买人员完成购买。购买后材料人员决策运输方式、送达时间，运达之后的堆放、搬运和使用的决策才由工程队技术人员和现场管理人员来决策。材料的购买流程如此复杂是因为材料是工程队的主要支出，其中风险和利润巨大，最好的方法就是将材料与施工管理分开。但是这样复杂的决策流程容易导致材料决策的失误，出现材料不到位，施工进度被严重耽误等情况。

（2）工程队内部的职权层级

在工程队内部有着明确的职位分工、模糊的职权层级，没有具体的权力划分与权力等级，但工程队老板拥有最大话语权是明确的。对于工程队成员来说，工程队的管理人员即核心工人，其权力要大于工程队的普通工人即边缘工人。不同职权层级会不同程度地影响决策。

第一，核心工人和边缘工人的职权层级对决策的影响。无论是负责技术的总工、测量员还是负责现场的施工员都属于核心工人范畴，核心工人是具备相应的技术并且具有管理能力的人，拥有一定的决策权。而打杂的小工、机械驾驶员以及各类技工都属于边缘工人，他们通常没有相关的管理能力和经验，技术能力也较弱，但对工地情况较为熟悉，却没有独立的决策权，在工程项目管理中参与频率很低。

第二，工程队老板的绝对权威对决策的影响。在工程队中，所有的职员都受雇于工程队老板，对老板负责，并由老板承担所有的盈亏、拥有最终决策权并处于绝对权威的地位。一方面，这种权力结构能对工程队的管理人员进行有效的制约。技术、现场、机械、人员、材料这五大要素中，人员和材料由老板决策；现场和机械的重大决策老板也会主导进行；技术方面因为涉及的知识比较专业，工程队老板会部分参与其中。老板通过参与到很多决策当中，对工程队的其他管理人员形成制约，能形成很好的纠错机制。另一方面，很多时候老板并不能完全掌握现场情况，很可能根据固有经验而做出错误决策。如利用绝对权威否定管理人员已做出的决策，容易打乱管理人员提前做好的安排。

2. 工程队外部的权力架构

（1）上级单位的纵向控制对决策的影响

笔者所研究的工程队在整个项目建设的体系中，处于复杂的组织关系当中。而工程队在项目中处于组织结构的末端，有数个上级单位直接或者间接地制约着工程队。在整个项目中，所有的具体施工都是由工程队完成的，但是工程队在完成施工的同时，还需要处理各类复杂的组织关系。

第一，上级单位的分工对工程队决策的影响。

工程队之外有若干的上级单位，每一个上级单位有着不同的分工，工程队所需完成的每一项任务，在工程队的上级机构都有一个负责。从对工程队的影响上来看，上级单位的影响可以分为职能分工和领导分工层面的影响。在工程队上级的职能分工上来说，立交区总项目部作为工程队的直接上级，对工程队的影响最为直接。总项目部位于工程队施工地的附近，监管着工程队的各项工作。总项目部有三个部门与工程队息息相关，分别是工程管理部、总工办和综合造价部，从职能上分别对工程队的具体施工、工艺技术和工程量计算、工程款结算等方面进行管理。工程管理部负责的是指挥现场施工，A、B工程队都是工程管理部直属的，A、B工程队的具体工作内容和工作进度都是由工程管理部制定的，工程队的施工需要听从综合管理部指挥。总工办是负责技术方面的各项事务，在工程施工前的工艺交接、施工中的工艺质量监管以及施工后的工艺验收和工程量计算。而综合造价部的职能是在工程队施工之前制订工程的各项单价，在工程完成后的阶段根据总工办的计量结果进行工程款的结算。综合总项目部以上三部门的职能，可以看出总项目部在施工、技术和结算三方面是独立开来的，这样设置职能的目的在于能够实现分权制约，防止工程腐败以及对质量进行有效监管，但是也存在着一系列的问题，尤其是在对工程队决策影响中。

在日常施工中，工程队会按照工程管理部的要求进行施工，工程管理部的人员会参与到现场的施工指挥，起到指导和监督的作用。并且工程管理部参与到工程队的现场决策中，在决策中起着关键作用。但是工程管理部更注重工程进度，对工程质量关注度不高。在工程中可能会出现这样的情况，工程管理部所参与到工程队中做出的决策，并且付诸实施，但是工艺上不符合总工办的技术要求，待进入验收阶段，工程管理部的人员已经签字确认验收，但是经过总工办的人员检测未达标，总工办要求返工。这可能是总项目部内部协调的问题，但其实也是上级单位职能分工的目标各异造成的，工程管理部的目标是按照指标完成工程进度，承担着来自甲方的进度压力，而总工办的目标则是保证质量，所面临的压力是来自工程监理方面的。而工程队的决策需要受到以上两个方面的影响。

B工程队的决策陷入受到两个部门制约的两难境地，而这样的情况是十分常见的。甚至也会出现三个部门同时控制着工程队的决策，在道路施工中除了合同规定的工程量还会出现部分的临时增加的工程量，通常是工程管理部根据现场情况做出决策，让工程队完成一些新的工作，属于非合同范围。这部分工程量在日后的结算中会出很多的问题，在计量方面总工办可能会不予认可，因为其超出合同规定的范围，总工办即使认可这部分的工程量，但是工程款结算中，综合造价部因为没有相应合同规定，而延缓结算或者不予结算。

总项目部的每一个领导都有相应的分工，通常来说在一个施工任务节点的设置中，每一个领导会主抓一个方面，比如 A 领导负责绿化，B 领导负责路面，其负责方面的任务完成情况计入领导的工作考核当中。在赶工期中，工程队决策也很容易受到两个分管领导的压力，A 领导要求集中力量完成绿化的工程，而 B 领导要求先完成路面的工程。

第二，上级单位任务部署对工程队决策的影响。

在前文中已经提到过，建筑工地中有着严格的上下级关系，工程队需要绝对服从上级单位的安排。笔者所研究的两支工程队，他们的直接上级是立交区项目部，立交区项目部的上级是市政公司，市政公司的甲方或者说上级是嵩昆路指挥部，指挥部的上级又是滇中新区管委会。这样复杂的结构，让作为实际施工者的 A、B 工程队只是作为这个庞大系统的意志执行者，A、B 工程队的决策不仅是根据项目实际情况来进行的，更多是受到来自上级单位的制约。上级单位通过任务部署来管理工程队，任务部署分为两个方面，分别是工程分配和进度控制。

首先是工程分配，工程队具体做什么，是由分配到的工程部分决定的，通常在签署的分包合同中就会有一个工程范围，但只是一个大致的范围，具体做哪些工程部分是由项目部根据实际情况来分配，而且在具体施工中会存在很多的新增工程部分。对于工程队来说，不同的工程部分的利润不同，有一些工程部分是"香饽饽"，有一些则十分棘手，而安排工程的权力在项目部手上，因而工程队的决策要符合项目部的要求，具体决策应该达到几个效果，分别是工程完成效率高、工程人员和设备齐全以及高度服从项目部的安排。如果工程队的决策没有达到这些效果，项目部不会给工程队优先安排相应工程部分。

其次是进度控制，上文所说的工程的分配主要是由立交区项目部来安排，而进度控制则是多个上级单位一起来督导的，从项目权力架构中处于顶级位置的滇中新区管委会到作为直接上级的立交区项目部，都直接或间接参与工程队进度管理。进度管理最主要的方式就是制定任务节点，通过以年、月、周作为单位来设置不同的任务节点。最上级的单位制定出大的节点，通常是半年或者三个月需要完成的，然后一级又一级地分配下来，不断细化为小节点，落实到工程队的层面通常是以月为单位或者是以周为单位，并且需要签署任务书，如不能完成任务需要罚款，按时完成任务则有奖励，惩罚或者奖励的金额都达到了数十万元。对于工程队来说，其决策部署都要围绕任务节点来进行，工地实际情况不再作为工程队决策的主要依据，而任务节点则是工程队制定决策的根据。

（2）平级工程队的横向制约对决策的影响

在建筑工程中，各级单位对工程队的决策产生影响，而作为平级单位工程队之间也会对各自的决策产生影响，这种影响类似于博弈，是以获得自己最大收益为前提，从而采取的一系列合作和竞争的手段。各个工程队在日常施工中会有很多互相关联的决策，做出的决策可以是互利互惠的，也可以是相互制约的，对这类决策的分析需要分为基于合作或竞争两种关系的决策。

第一，平级工程队合作关系对决策的影响。

建筑工程中为了维持正常的施工，各个工程队之间需要就一些项目进行合作。在做出合作决策之前，工程队的管理人员会根据己方的收益进行衡量，根据合作的动机，可分为基于效率的决策和基于共同利益的决策。

关于工程队基于效率而进行的合作决策，工程队之间的施工是相互牵制的，工程队进行施工进度设计决策时，要考虑到己方的进度对其他工程队进度的影响，或者会不会受到其他工程队进度的影响。基于相互的施工效率，因此工程队双方的决策是互相制约的，而这种制约又能推动双方的合作。合作的方式可以是口头约定或者是书面的合约，也可以是互相的约定俗成。关于工程队合作的决策在工程队的月度会议决策中就会涉及，因为合作决策涉及工程队在一段时间的总体部署，因此决策方案一般由总工提出，大家提出看法，最后的决策需要得到工程队老板的同意。

关于工程队基于共同利益而进行的合作决策，工程队的目标都是获得利润，并且工程队都处于相同的上级单位的管理之中，为了争取更大的利润是需要采取联手合作的方法。通常是工程队想要获得更高的工程单价，因此会与甲方进行谈价，表示目前的价格无法完成工程，而甲方的出发点是成本最小化，这个时候会考虑到让同样具有施工资格和能力的另外一支工程队来完成。因而工程队单方面的谈价是很困难的，需要各个工程队联合起来统一口径才能达到目标，这个过程也十分类似博弈中的囚徒困境，最优解是全部工程队都不妥协要求提价，而对于每个工程队来说，不妥协固然能获得最大利润，但是从另外一个层面考虑，谁先妥协谁就能获得工程分配，虽然价格没有提升但是也能获得比不妥协一方更大的利润，因而如果工程队之间没有达成提价的合作共识，提价的目标是很难实现的。

第二，平级工程队竞争关系对决策的影响。

在工程队的相互关系中是以合作为主，以此来整合资源获得更大的利益，但竞争也是不可避免的，工程的总量是固定的，各个工程队需要为自己争取到更大的工程量，以及获得更多的资源，因而工程队的主要决策也需要考虑到工程队之间的竞争关系，主要分为资源竞争和甲方认可度竞争。关于资源的竞争实际上就是原材料的竞争，工程队获取原材料有两种途径，分别是购买和就地取材。购买原材料是最主要的方式，而道路建设工程所需要的原材料数量巨大，如土夹石、红土碎石，且合同给出的单价比较低，需要尽可能从附近购买，而立交区工程又是周围最大的工程项目，周边的石场、沙场的供应量有限，无法满足各工程队源源不断的需求。工程队在决策部署中会考虑到与其他工程队的竞争关系，做出先预定原材料，或者对材料预期供应不足的施工部分进行优先施工。部分施工材料是可以就地取材的，场地上的石头和红土的大部分都可以再次利用，而且是成本极低的。为了争取这些原材料，工程队往往做出加快施工的决策，或者是根据其他施工队的具体施工位置，做出相应的施工位置决策。

关于甲方认可的竞争是为了获得更多的工程量，立交区项目部会把新的工程任务安排给效率和质量最高的工程队，因而工程队获得甲方的认可十分重要，而这个认可度是工程队之间的相对认可度，工程队需要为此而竞争。例如效率问题，为了按时完成任务，工程队会选择白天晚上两班倒来与其他工程队拉开进度差距，甚至采取偷工减量的方式来达到目的。

(二)关系格局对工程队决策的影响

1. 工程队内部关系亲疏对决策的影响

（1）工程队内部亲疏关系的建立

对于建筑行业来说，关系格局在建筑工地的运转中发挥着至关重要的作用，绝大多数的从业者都是受到私人关系的影响而进入建筑行业里面的。这种私人关系网络跟建筑业的从业主体有着密切的联系，农民工是建筑行业的主要从业者，因为受到其农村生活经历的影响，会将其在农业生产中的生产逻辑带到建筑工地上，用人情的方法理解工地的控制和抗争过程，通过已建立的社会网络来维持劳动生产工资以及换工安全。而建筑行业的经营者也利用这种关系网络来加强对工地人员的控制，以此确保建筑工程的顺利进行。

第一，工程队的组建方式。

分析整个的关系网络是如何被建立的，可以从工程队的人员的组建上来着手，在工程队经营者项目中标之后就需要着手组建一支完整的工程队，工程队经营者对工程队人员选择的决策更偏向于三个群体，分别是亲戚群体、老乡群体和熟人群体。亲戚群体因为有着血缘关系的联结，对于经营者来说是最值得信赖的，工程队经营者会优先选择和自己有着亲戚关系的人员进入工程队。老乡群体是地缘关系的联结，因为有着共同的方言和生活习惯，也有相同的熟人圈，因此这种关系会对老乡的行为产生约束，对于工程队经营者来说安排老乡在工程队中也是一个很好的选择。熟人群体是工程队经营者之前领导过的下属或者是身边认识的人，对这一类人通常也能做到知根知底，因而工程队人员选择中也会重点考虑这个群体。

第二，关系网络在日常决策中得以强化。

在对工程队组建方式的分析中，亲戚群体、同乡群体、熟人群体这三个群体是工程队的主要组成群体，在对工程队关系亲属影响决策的研究也是以这三个群体作为基础进行的。在工程队组建之后，也就是确立了以这三个群体为主的关系亲疏格局，现在还需要看这些关系格局是如何在日常决策中得以强化，从而一直存在并且对工程队决策起着重要作用。

从后续的人员引入上来看，关于人员方面的决策，其决定权在工程队老板手上，但是对人员的推荐大多来自工程队的管理人员，管理人员根据工程需要把自己熟悉的人向老板引荐，工程队老板关于是否聘用这个人员也很大程度会受到现有管理人员的影响。而对于这个引荐新人的管理人员来说，自己熟悉的人来成为同事之后，可以让自己有个熟人，而且能够互相帮助，关键时候也能够帮自己说话或者站在自己这一边。

除了管理人员的招聘，劳务队的聘用决策也受到关系网络的影响。对于工程队老板来说，工程队下属的劳务分包队伍需要能够服从管理，因此处于关系网络联结之下的劳务分包队是比较合适的。

（2）关系亲疏对决策的导向作用

从工程队组建开始，就受到关系亲疏的影响，在工程队的日常运行中，关系亲疏更是起着重要的影响，在工程队的日常决策中，关系亲疏对决策起着导向作用，可从常规决策和不同形式决策者两个方面进行分析。

第一，关系亲疏对常规决策的影响。

常规决策是工程队每天都需要面临的决策，常规决策可分为有关人员的决策、有关材料的决策、有关技术的决策以及有关机械的决策这四个方面，在工程中能否有效管理好人员、材料、技术、机械这四个要素决定着工程能否顺利进行，因而这四方面的决策是极为关键的。

关于工程队人员的决策，除了前文提到的工程队人员的组建以及招聘，还包括薪金待遇、每个人职位权力安排以及奖励惩罚方面的决策。在薪金待遇的决策中，关系网络发挥着很大的作用，工程队中每个人的薪金是根据其在工程队中发挥的作用来决定的，但是其发挥作用大小是由人为进行判定的，而工程队经营者会根据平时的印象或者与工程队总工或现场管理负责人商量来给出合适的薪金。因此在薪金决策中，对处于同一关系群体或者平常关系较好的人员，一般容易给出较高的薪资。在奖惩方面的决策也是如此，如果是处于关系网络边缘的人员，在奖金分配的决策中，则不会优先考虑。在职位权力安排的决策中，工程队的经营者会把自己信赖的人，也就是在关系网络中比较亲近的人员安排在重要位置，即使不安排在重要的位置，也会在工程运行中承担重要的作用，发挥着诸如帮助老板监督工人、监视工地，及时反映现场情况的作用。

在关于材料的决策中，因为材料事关工程的成本问题，因而工程队经营者在做出决策时会优先听取在关系网络中更为亲近人员的意见。

第二，关系亲疏对不同决策形式的影响。

关系亲疏对决策的导向作用的研究中，除了分析关系亲疏对不同类型决策的影响，还需要具体看关系亲疏是如何直接作用于决策过程。工程队中的决策可分为会议决策、讨论决策、关键人员决策以及直接决策这四种类型。

在会议决策中，工程队的经营者通常会参与到会议决策中，而且在这种形式中所做出的决策是对最近一个时期的工程安排，所做出的重要决策需要工程队经营者同意。对于一个方面的决策，不同的管理人员会提出各自的方案，在方案合理的前提下，工程队经营者更倾向关系亲近的管理人员提出的方案。在会议决策中涉及外派或者职位调整等人事决策，也会优先考虑亲近的人。

在讨论决策中，工程队经营者通常不参与，由工程队的总工或者其他管理人员来主导，其他工程队管理人员参与决策。讨论决策会安排在每天晚上，由会议的主导者来总结这一天的任务完成情况，然后再商议次日的安排，再由主导者做出次日任务的具体决策。在讨论决策中比较考验主导者的能力，如果主导者与大家的关系都比较亲近，那其做出的任务安排，其他管理人员也能够接受，但是如果决策主导者与部分管理人员关系较差，即使做出了决策安排，也是无效的，其他管理人员不会执行。因此工程队在讨论决策中，非常考验会议主导者的关系处理能力。

在关键人员决策和直接决策中，这两种决策比较类似，直接决策的决策者只有决策当事人自己，关键人员决策也只有2到3人参与决策。而这样的决策是由少部分人来做出，关系亲疏对这类的决策起着更大的影响。决策人数少意味着每个人要承担更大的决策责任，如果决策造成失误，会受到工程队的经营者的惩罚。相比之下与工程队经营者关系更亲近的人员承担风险能力越大，即使决策出现了问题，一般也不会受到较大的惩罚。因此需要做这类决策时，与工程队经营者更亲近的管理人员更容易做出决策。

2. 工程队外部人脉资源对决策的影响

工程队外部人脉资源对于决策的意义在于能够给决策提供更多的信息支持，为决策提供额外的备选方案。外部的信息是决策的基础，也决定着决策的效率以及准确性，因此工程队的决策需要来自外部的信息支持。而外部的人脉关系在这个方面发挥着作用，工程队不是独立存在的，其决策需要考虑很多来自外界的因素，因此需要与外界保持密切的联系和交流，以此来保证决策所采用的信息是全面的和准确的。工程队从外部获取信息支持，不仅是工程队经营者需要做的，也是所有工程队管理人员需要共同协作的。外部信息对决策的支持，具体表现在人员、技术、机械、材料这四个方面。

在人员方面，关于人员的招聘决策，工程队老板虽然倾向于聘用自己熟悉的人员，但是工程队经营者所熟悉的合适人选并不能完全满足工程队人员需求，或者需要更多的合适人选来择优选取，这个时候就需要利用经营者的人脉资源来获取更多合适人选的信息。在做出是否聘用的决策之前，工程队经营者也会利用人脉关系跟以前接触过候选人的朋友了解情况，根据这些收集来的信息决定是否聘用，以及该给出什么样的待遇、安排到什么职位。

在技术方面，需要做出的决策包括施工工艺的选择、节省成本的方案以及计量结算的方式。这一块主要由总工来负责，工程施工中的技术复杂多样，很多施工工艺和施工流程虽然有来自设计单位的规范，但在具体实施中是需要灵活运用的。工程队的技术人员需要与项目部的技术对接人员处理好关系，在做出技术方面的决策时，拿不准的方面需要咨询他们，从而获得决策的支持信息。在技术决策中，特别是制定技术方案，为了实现最大化节省成本的目的，很多时候也需要技术人员或者是工程队的经营者利用社会的人脉资源去咨询相关的专业人士，从而获得更优的解决方案。

在机械方面，包括机械设备的租用和购买的相关决策，在机械和购买中需要大量的符合条件的机械信息，这些信息需要工程队经营者利用人脉从各个渠道来获取。机械的信息，工程经营者也可以通过中介来获得，但是存在两个问题，中介的费用会增加成本，以及通过中介的间接沟通效率低下。

在材料方面，也跟机械的决策类似，工程队的经营者也可以通过人脉关系网络获取信息，然后从中选择来做出最优决策。

四、研究发现与讨论

（一）组织社会学相关理论分析

本文通过对同一路桥建设项目下两支工程队的决策案例，借助组织社会学和管理学的理论对路桥工程队的组织决策进行探索分析。管理学上的组织决策主要从财务、技术、营运、营销、人力资源等五个方面展开，而组织社会学偏向于组织结构设置、组织成员内部关系等方面。综合两个学科视角以及路桥建设工程队实际情况，将人力资源分析扩展为人力管理分析，将组织营运具体设置为对材料、机械以及人员的安排。因而对工程队的决策案例整理主要从人员、材料、技术、机械等四方面决策来进行，并从权力架构和关系格局这两个方面进行分析。以上构成了本文所谓的组织决策分析的主要内容，至于权力架构和关系格局对决策的影响，将从组织内部的影响和组织外部的影响两方面进行。

在分析过程中，本文主要运用组织社会学和管理学的理论。一是借助组织社会学和管理学理论对权力架构进行解读。二是运用有限理性理论来研究权力架构中的职权设置对决策的影响。三是运用需求层次、结构空间洞理论和有效招聘等理论来解释关系格局在工程队决策中的作用。

图6 分析框架

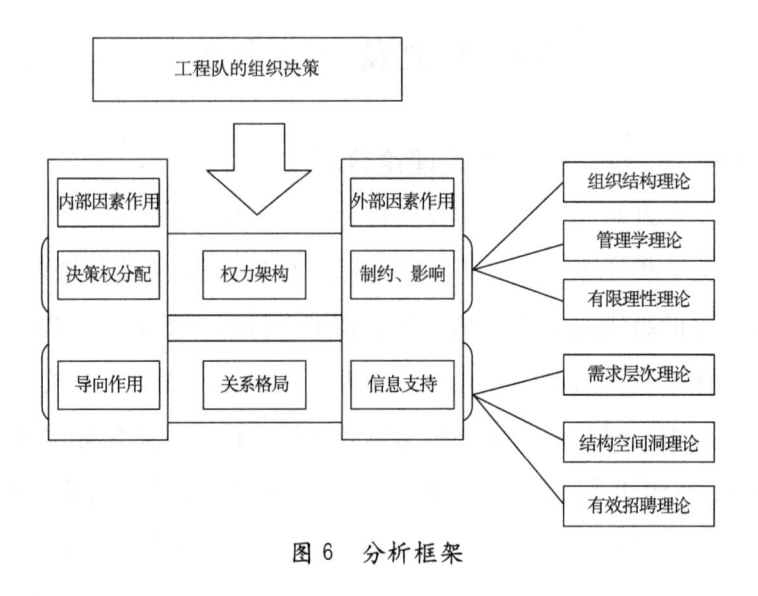

1. 权力架构分析

权力架构作为影响决策的重要因素之一。在A工程队和B工程队中，两个工程队的权力架构具有一定的相似性。即使A工程队和B工程队所从事的施工内容有很大差异，但都采用了事业部式和职能式的混合组织结构，有核心工人和边缘工人的权力划分，且直接影响组织决策。根据关于组织趋同的相关理论，这种组织权力架构趋同的情况可以用强制机制、模范机制和社会规范机制来解释。

从强制机制方面来说，国家的法规以及建筑工地的法规确立了工程队需要履行的基本义务，包括施工要求和技术工艺等，这使得工程队要设立专门的职能岗位和部门来负责这些工作，进行相应的决策制定，也就无法避免出现趋同性。

从模仿机制上来说，工程队都是以盈利为目的，并且在建筑工地这个复杂权力体系中存在不确定性。而工程队随着接手工程规模不断变大的发展趋势，因此大规模的工程队成为小工程队的模仿对象。A、B两支工程队人数不多，但具备了项目经理—总工—施工员的标准工程队组织结构。小型工程队通过模仿大型工程队的组织结构，可以减少受到项目复杂性的影响，避免因组织架构难以承载而形成的决策混乱。但模仿机制也存在相应的问题，小型工程队没有足够的人力来支持较大的组织结构，容易使得看似完善的组织架构成为摆设而不能起到实际的作用，容易导致决策权力划分的不明确。

从社会规范方面来说，建筑行业经过长时期的发展已经形成了一整套约定俗成的职级划分。在正式的组织决策中，负责决策的人需要一个正式的身份，以此来确定其在决策中的话语权。形成了诸如总工、工地主管、项目经理这一类头衔，即使在工程队的对外对接时，可以保证其在身份上的平等。这种职级差别在工程队日常运行中又发挥着权威的作用，起着类似科层制的管理作用。

2. 关系格局分析

关系格局不仅对工程队的决策起着导向作用，还能为决策提供信息支持。在工程队决策信息资源的获取中，人脉关系中的社会资本起着至关重要的作用，是维系工程队决策正确和高效的关键。由于工程队从业者在工程领域有着广阔的人脉资源，能够从各方面获取决策所需要的信息。工程队管理人员是处于社会结构关键节点上的人，能够通过信息的流动为决策带来便利。工程队的核心管理人员需要拥有这样的资源，把工程队的施工决策和自己的人脉资源进行联结，为工程队老板带来更多的利润，以此来体现自己的价值。

关系格局还能解决工程队管理决策中的管理熵问题。在工程队组织结构和规则约束逐渐增多时，容易出现管理熵。根据管理熵的理论，随着管理的增加，边际效益逐渐递减，管理成本逐渐增加。管理熵在决策中的表现是不断增加的决策成本以及递减的决策效率，这也是提高工程队决策效率的一大阻碍。而在解决这个问题上，工程队的关系格局发挥着很大的作用，可以更为灵活地处理管理熵的问题，通常是通过工程队人员之间的非正式亲密关系来化解日常施工中产生的矛盾，通过工程队人员之间的非正式谈话来解决决策中出现的问题，甚至可以改变既有的权力架构，根据实际情况来形成决策。

关系格局还能满足工程队成员不同层次的需求，在做出关于人员的决策时候通常会考虑到工程队成员的需求。根据马斯洛的需求层次理论，在满足了第一层和第二层生理及安全需求后，还要满足社交、尊重、自我的需要，因而工程队关于人员方面的决策会以建立一个良好的关系氛围为目的，具体表现则是尽可能引进老乡、亲属、朋友，让这些非正式的关系发挥作用。

关系格局提升了工程队成员的"士气"，调动了其积极性，提高了决策的效率。根据梅约的人际关系理论，组织中的人是社会动物，组织的社会环境、心理因素对组织运行起着关键性作用，组织中的非正式群体具有重要意义。在工程队中由老乡、亲属、朋友连接起来的非正式群体会影响到组织决策的制定，让工程队成员对工程队的管理更有参与感，并且积极参与到组织决策中。

关系格局有助于工程队队伍组建。根据有效招聘理论，组织中内部推荐的员工往往会更加胜任岗位。工程队的绝大多数成员都是通过关系格局中老乡、亲属、朋友推荐而加入工程队中，对被推荐人选更能够知根知底，有助于招聘更加适合岗位的人选，提高人员决策的准确性和有效性。

关系格局为组织成员营造了共同目标。根据巴纳德的系统理论，正式组织需要具有组织共同目标、协作的意愿、组织内部的信息交流。工程队中的关系格局有助于组织成员达成共同的目标，并且更具有协作的意愿，工程队非正式群体的形成也创造了更多的沟通渠道，有助于工程队内部更为畅通的信息交流，并由此提升了工程队关系格局，也为组织决策创造出良好的决策氛围。根据福利特的伙伴关系理论，组织中良好的人际关系能够营造出一种共同经营的感觉，即组织的"共享权力"。工程队的关系格局为工程队创造了良好的关系氛围，有助于各成员对工程队产生归属感，组织成员也会自愿主动地参与到工程队的组织决策当中。

（二）改进项目工程队组织决策效率的思考

1. 项目工程队组织决策过程总结

根据西蒙的组织决策理论，组织过程其实就是决策的过程，组织管理最基本和最主要的功能就是决策。工程队的组织管理也是在通过不断地决策来进行的，工程队的四个主要管理方面是材料、技术、人员和机械，因此决策也围绕这四个方面进行。组织决策的过程是：首先组织权威主体在价值要素的影响下，在效率准则的驱使下，确定组织目标以及各层级的决策目标。并根据目标制定相应的决策计划，之后不同层级的组织人员通过刺激—反应的行为模式各自提取部分的决策前提，然后通过组织内的信息传递汇总至权威者。最后，权威者以决策前提为基础，在各种备选方案中进行择优和判断，最终做出决策。在工程队的每一次决策中都有决策的主导者来把握决策的大方向以及做出最终决策。在前文所记录的工程队会议决策中，会议主导者会根据工程队的时段目标作为组织总目标，根据组织目标设计会议讨论计划也就是决策计划，由各个会议参与者提出方案，然后由决策主导者敲定最终决策方案。

组织决策区别于其他复合主体决策的关键，就在于其决策的全过程。成员是常规的，权限是规定的，职责也是固定的。这种组织决策的特殊性导致其决策过程的规则也是相对稳定的，有很强的、固化的规律性。在工程队的决策中，决策主导者是相对固定的，从上文核心工人与边缘工人的划分中可以看出决策权限是相对固化的，边缘工人在决策中的参与度较低。

根据决策有限性理论，决策主体因为信息的模糊、认知的不明晰、情境的不确定等因素，使得其"理性"在很大程度上难以实现，这就决定了决策者在决策过程中只能发挥有限理性。在工程队中有很多决策是由关键人员独自做出，很多时候受制于当时复杂的情况，容易做出缺乏理性的决策。即使在群体决策中也容易出现缺乏理性的决策，容易出现依赖规则。工程队群体决策无论最后是否造成损失，都不需要单独的成员来承担后果，因此群体决策更容易出现冒险的倾向。

2.影响项目工程队组织决策效率的因素

第一，工程队在项目运行中缺乏分工。工程队的管理人员多为"全能型"，需要兼顾多个方面的工作，同时做出多方面的决策。这虽然锻炼了管理人员同时处理多方面的工作的能力，但也影响了决策的效率和准确性，并会让部分管理人员工作过载，对完成项目产生不利影响。

第二，核心工人与边缘工人的划分对决策产生不利影响。核心工人是工程队的管理人员，由他们来对工程进行统筹安排。而边缘工人作为一线劳动者，通常只能服从，但他们却对工程现场最熟悉，却无法参与到工程队的决策中，使得支持决策的信息量减少，不利于做出准确的决策。

第三，工程队的组织结构缺乏科学性。工程队在组织结构上的设计对决策有着重要的影响，科学的组织架构可以保障决策的顺利进行。工程队的组织结构在对内方面管理和约束作用较小，缺乏内部监督，在组织管理设计中没有兼顾到工程队人员的平等性，容易出现职级差异引发的矛盾，不符合扁平式的组织结构的要求。

第四，工程队老板的绝对权威对正常决策系统造成干扰。工程队老板在决策中最有话语权，但又不常驻守施工现场，对现场情况缺乏了解。这种权力与信息的不对等，容易让工程队老板插手到工程队的系统决策之中，做出不当的决策。没有充分发挥项目经理制度的作用，无法实现委托项目经理对工程项目进行施工管理和经营等全过程的管理。

第五，工程队与上级单位对接的问题影响决策。工程队根据上级指派的任务来做出施工安排决策，但是工程队和上级沟通对接中存在的问题使得信息传递出现偏差，容易造成工程队的决策失误。

第六，工程队决策的信息支持主要来源于工程队管理人员的关系网络。工程队各项决策需要充分的信息支持，使得决策有更多的备选方案，更容易做出准确的决策。而管理人员的关系网络是信息的外部来源，需要工程队管理人员的关系网络作为决策支撑，关系亲疏也会影响决策。受到工程队的关系亲疏的影响，决策的风险大大提高，决策容易受到个人偏见的影响，从而造成决策失误。

参考文献

[1] 李伟. 组织行为学 [M]. 武汉大学出版社，2017(02).

[2] 沈原. 市场、阶级与社会 [M]. 社会科学文献出版社，2007(01).

[3] 孙非. 组织行为学 [M]. 东北财经大学出版社，2003(01).

[4] 张德，吴志明. 组织行为学 [M]. 东北财经大学出版社，2002(01).

[5] 郭松. 行政管理中组织决策的价值工程研究 [J]. 现代交际，2018(08).

[6] 邹志英. 大数据与企业决策管理 [J]. 新理财，2015(01).

[7] 贺海龙. 非营利组织领导者行为研究——基于西蒙的决策理论 [J]. 中国管理信息化，2019，22(04).

[8] 徐波. 大学决策理论中的"垃圾箱"模型探析 [J]. 国家教育行政学院学报，2013(05).

[9] 王福涛，林天萍，李少抒，杨红明. 国家科技政策决策组织系统权力配置研究 [J]. 自然辩证法通讯，2018，40(11).

[10] 刘怀德，胡汉辉. 决策的约束及有效决策的制度安排 [J]. 南开管理评论，2001(05).

[11] 李莉. 知识经济时代企业的经营决策探讨 [J]. 中国商贸，2014(04).

[12] [美] 西蒙. 现代决策理论的基石 [M]. 北京经济学院出版社，1989.

[13] 郭强. 企业中个人的绝对权力与企业衰败 [J]. 管理世界，2001(01).

[14] 唐国华，孟丁. 基于马尔可夫决策过程的农村公路养护资金优化配置研究 [J]. 公路，2019，64(01).

[15] 刘杰. 多级组织结构的决策分析 [A]. 中国系统工程学会，1999.

[16] 于显洋. 组织社会学 [M]. 中国人民大学出版社，2009.

[17] 徐子健. 组织行为学 [M]. 对外经济贸易大学出版社，2005.

[18] 黄珊珊. 有限理性、制度和组织决策 [J]. 现代商业，2008(21).

[19] 任佩瑜，张莉，宋勇. 基于复杂性科学的管理熵、管理耗散结构理论及其在企业组织与决策中的作用 [J]. 管理世界，2001(06).

[20] 张旭风. 柔性理论在海上工程施工组织中的应用 [D]. 天津大学，2008.

[21] 刘静，周辉. 企业管理中直觉决策影响因素研究 [J]. 华中师范大学学报，2019，26(01).

[22] 刘耀中，晏建萍. 直觉决策在企业中的应用 [J]. 中国商贸，2012(30).

[23] 王虹."典型单位"组织结构变迁的制度逻辑 [D]. 西北师范大学，2012.

[24] 袁娜. 浅谈企业组织结构及其设计的原则和影响因素 [J]. 现代营销（经营版），2019(07).

[25] 方杨. CY 公司组织结构优化研究 [D]. 西南交通大学，2016.

[26] 陈果. 被技术重构的组织层级 [J].IT 经理世界，2014(07).

[27] 项兵，王廷芳. 全过程工程咨询服务企业组织架构及部门设置建议 [J]. 中国工程咨询，2019(03).

[28] 周文成. 国内外组织结构理论研究综述 [J]. 江苏商论，2010(02).

[29] 解进强. 组织结构对企业机遇决策行为的影响分析 [J]. 商业时代，2010(15).

[30] 赵伯孚. 企业柔性组织设计研究 [D]. 西安电子科技大学，2004.

[31] 周城. 柔性组织结构对企业能力体系构筑的影响 [D]. 华中农业大学，2009.

[32] 刘一龙. 基于研发风险的 HB 公司柔性组织结构研究 [D]. 华东理工大学，2016.

[33] 任焰，贾文娟. 建筑行业包工制：农村劳动力使用与城市空间生产的制度逻辑 [J]. 开放时代，2010(12).

[34] 李建委，赵小权. 浅析建筑劳务分包 [J]. 西部探矿工程，2006(11).

[35] 朱梁洪，胡云珍. 建筑行业"空壳劳务公司"的成因和对策分析 [J]. 科技传播，2010(4).

[36] 孙加佳. 我国建筑劳务市场"包工头"现象的形成机制及对策研究 [D]. 南京工业大学，2013.

[37] 蔡禾，贾文娟. 路桥建设业中包工头工资发放的"逆差序格局""关系"降低了谁的市场风险 [J]. 社会，2009，29(05).

[38] 赵炜."双重特殊性"下的中国建筑业农民工——对于建筑业劳动过程的分析 [J]. 经济社会体制比较，2012(05).

[39] 吕志雯. 梅奥的人际关系学说与我国的人本管理 [D]. 华中师范大学，2011.

[40] 沈原. 市场、阶级与社会 [M]. 社会科学文献出版社，2007.

[41] 闻翔，周潇. 西方劳动过程理论与中国经验：一个批判性的述评 [J]. 中国社会科学，2007(03).

[42] 赵炜."双重特殊性"下的中国建筑业农民工——对于建筑业劳动过程的分析 [J]. 经济社会体制比较，2012(05).

[43] 马洪君. 关系霸权：劳动过程理论研究的新视角——兼评两个关于建筑业农

民工的研究 [J]. 浙江社会科学，2011(06).

[44] 周潇. 关系霸权：对建筑工地劳动过程的一项田野研究 [D]. 清华大学，2007.

[45] 黄静. 关于市政工程项目经营管理的成本控制分析 [J]. 低碳世界，2017(10).

[46] 陆文银. 建筑施工现场管理存在的问题及改进对策 [J]. 中国高新技术企业，2012(16).

[47] 赵春峰. 建筑工程施工现场管理及其优化措施 [J]. 绿色环保建材，2016.

[48] 黄静波. 公路工程现场施工管理难点和应对策略 [J]. 住宅与房地产，2016(06).

[49] 钟红军. 关于公路工程项目施工管理难点及其应对措施 [J]. 中华民居（下旬刊），2014(04).

[50] 虞雷波. 市政路桥现场施工管理难点及解决方法研究 [J]. 绿色环保建材，2017(03).

[51] 费显政. 新制度学派组织与环境关系观述评 [J]. 外国经济与管理，2006(08).

[52] 吴婷婷. 基于双因素理论的我国新生代知识型员工激励因素及对策研究 [D]. 上海社会科学院，2016.

[53] 晋铭铭，罗迅. 马斯洛需求层次理论浅析 [J]. 管理观察，2019(16).

"双减"政策的实施及其影响探究
——以湖北省W镇小学的个案研究为例

作　　者：沈星竹
　　　　　云南大学民族学与社会学学院
　　　　　2018级社会学
指导教师：陈　浩

一、前言

（一）研究背景

我国自古就崇尚读书、重视教育。近年来，随着人们生活水平和人均收入的提高，父母对子女教育更加关注。虽然国家在教育上的财政投入已逐年增加，但当前供给远不能满足教育需求，且优质资源地区分配严重失衡，由此引发一系列问题。一方面，教育的功利性色彩突出。应试教育下，成绩与升学率是衡量学校教育质量的直接标准。为应对上级考核，学校和老师不得不背离全面发展的教育目标，采取增加作业量、延长课时、假期补课等方式提升学生课业成绩。另一方面，教育内卷化现象严重。各种类型的教育培训机构如雨后春笋般涌现，它们通过无孔不入的大众传媒不断渲染教育竞争压力，向广大家长贩卖教育焦虑。为了不让孩子输在起跑线上，大量家庭不自觉地陷入培训机构的消费陷阱之中，盲目给孩子报名学科辅导班和特长兴趣班。此种状况下，不仅孩子长期忍受着超负荷的学业压力，身心健康受到极大损害；高额的补习费用也使得教育成本大大增加，家庭资本极大地影响了子女的教育机会获得，教育不公现象严重。

唯分数论、唯升学率等观念由来已久，严重危害了教育生态。此前，教育行政部门曾多次出台"减负令"以减轻学生学业负担，但由于升学压力愈发激烈，广大家长不仅没有放松孩子的学习强度，反而在课外补习与教辅资料上层层加码，最终呈现出"校内减负，校外增负"的怪象。为坚决克服应试教育顽疾、重构基础教育良好生态，中共中央办公厅、国务院办公厅于2021年7月24日印发了《关于进一步减轻义务教育阶段学生作业负担和校外培训负担的意见》。不同以往只聚焦于校内减负，此次的治理对象从校内扩展到校外，《意见》不仅要求学校全面压缩各科作业量，还严厉禁止补习机构在休息日和寒暑假开展学科类补习。可以说，先前单一、线性的减负思路并未重视市场机制作用下培训机构的无序扩张，而"双减"政策从整治供给侧出发倒逼教育改革，对推进学生全面发展和深化素质教育无疑具有深远的意义。

(二) 研究意义

1. 理论意义

此研究以布迪厄的场域理论[①]为基石，调查乡镇小学"双减"工作的落实状况及其对学生的影响，拓宽了现有研究的理论视野。其次，笔者将"双减"政策与乡村基础教育相结合，创新了研究思路。再次，研究采用非结构式访谈、参与式观察法收集厚重的一手资料，能为现有观点和研究结论提供数据支撑。

2. 现实意义

本文通过探究"双减"前后学生的学习成绩变化、教师工作负担变化，进而讨论"双减"政策给乡镇学生带来的发展机遇与挑战，为"双减"工作的继续深化提供思路和政策建议。其次，通过对不同学生及其家长的调查来揭示家庭资本与子女教育获得的潜在关联，有利于提高人们对"双减"政策的理性认知。最后，基于义务教育的公平性问题，为防止"双减"政策下城乡教育差距进一步拉大提供破解思路。

---

① [法]皮埃尔·布迪厄、[美]华康德：《实践与反思：反思社会学导引》，李猛、李康译，北京：中央编译出版社，2004年。

（三）文献综述

1. 场域理论

"场域"是布迪厄进行社会学研究的基本分析单位，指在各种位置之间存在的客观关系的一个网络或构型。布迪厄将物理学中的"磁场"概念引入社会学分析，将现代社会视为各种"小世界"的集合体。这些小世界拥有特殊的资源结构和相对独立的运作逻辑，从而构成不同的生活场域。首先，它不同于一般的地理空间，而是包括多方主体、多种因素的人为建构。因此，不存在适用于一切场域的普遍规则，特定的场域环境影响行动主体的策略选择。其次，客观存在的场域结构不是稳定不变的，而是趋于新的、暂时性稳定状态。一方面，场域之间相互联系、相互作用；另一方面，场域内的不同行动者为保持或改善社会位置彼此博弈，争夺有限的资源及权力。最后，既存的场域结构形塑了相对稳定的个人惯习，但由于变动速度不一，可能出现新场域和旧惯习错位脱节的问题[1]。

在探讨具体的教育现象时，布迪厄紧紧围绕阶层、权力、文化资本揭示出"教育是阶级再生产工具"的实质，通过经济、社会、文化资本间的转化机制，行动主体不断强化不平等的资源分配，固化着原有的社会阶层结构。20世纪70年代开始，国内学者逐渐将场域理论和分析方法引入教育领域的相关研究。徐贲[2]、郭凯[3]早对其进行论述，而后刘全生在《论教育场域》一文中明晰了"教育场域"一词。他认为，教育场域是教育者、受教育者及其他参与者相互之间所形成的以知识的生产、传承、传播和消费为核心，以人的发展

---

[1] 杨善华、谢立中主编：《西方社会学理论》（上），北京：北京大学出版社，2005年第2期，第167页。
[2] 徐贲：《教育场域和民主学堂》，《开放时代》2003年第1期，第87—96页。
[3] 郭凯：《文化资本与教育场域——布迪厄教育思想述评》，《当代教育科学》2005年第16期，第33—37页。

为宗旨的客观关系网络[1]。它具有以下特点：主体多元、主体间关系复杂[2]、各类主体的惯习和资本力量共存[3]。伴随国内教育社会学的不断完善，当前学者除了对师生关系、课外补习、就近入学等具体问题展开研究，还延伸至高等教育场域、家庭教育场域、智能教育场域等诸多教育子场域的探讨[4]。

2. 国内"双减"研究

长久以来，我国中小学生的课业负担沉重，严重阻碍他们的身心健康发展。新时期以来，国家将减负问题提到前所未有的高度，基础教育逐渐迈入"后减负时代"[5]。不同于以往线性的减负思路，此次"双减"政策在校内、校外同时发力，既对作业设计与课后服务提出了新要求，又对校外培训行业重拳出击，这一创新性举措无疑是我国教育改革的新起点。但由于政策出台时间不长，国内相关研究尚处于起步阶段。梳理现有文献后，笔者发现现有研究主要集中于三方面："双减"后的作业设计问题、教育焦虑问题及政策推行中的教育困境。

课堂学习与课后作业共同构成完整的学习过程，二者之中无疑应以课堂为主、课后为辅[6]。虽然作业数量与学业质量在一定范围内呈现正相关，但中、小学生作业要与其他教学要素协同推进才能发

---

[1] 刘生全. 论教育场域[J]. 北京大学教育评论，2006(01):78—91.
[2] 刘爽：《"就近入学"政策实施困境研究——基于布迪厄场域理论的视角》，《现代教育科学》2019年第8期，第135—139、156页。
[3] 陈永峰：《场域、文化与认同：我国高校留学生趋同教育的创新维度》，《黑龙江高教研究》2021年第39卷第10期，第125—130页。
[4] 刘远杰：《场域概念的教育学建构》，《教育学报》2018年14卷第6期，第21—33页。
[5] 范涌峰：《"后减负时代"基础教育高质量发展的生态重构》，《四川师范大学学报（社会科学版）》2021年第48卷第6期，第42—52页。
[6] 周序、郭羽菲：《减轻课后作业负担的关键在于提升课堂教学的有效性——"双减"政策引发的思考》，《四川师范大学学报》（社会科学版)2022年49卷第1期第110—116页。

挥最大效果①。长期以来，应试教育的重压使得作业逐渐从手段异化为目的，题海战术盛行。目前，大多数教师的家庭作业形式单一、内容枯燥、缺乏创新性，学生的学习积极性被大量习题消磨殆尽②。为切实压缩中小学生的作业量，"双减"政策明确规定：一、二年级不布置书面家庭作业，三至六年级书面作业的完成时间不超过60分钟③。随着政策的全面落实，中小学生的作业量明显减少、作业难度降低，从而使学生对作业的排斥度低、成就感高④。但由于传统作业模式被摒弃，而新模式尚未发展成熟，作业设计质量仍然不高。具体表现为：重复性作业明显、分层作业和弹性作业的依据不明、大班环境下个性化作业十分困难⑤。基于中小学日常作业设计与评价普遍依赖于人工的现状，部分学者探讨了如何应用数字资源为课堂教学、作业设计、个性化学习等赋能⑥。要想真正实现作业的减量增质，多方教育主体需协同参与：学校在制度层面高效统筹；教师在作业设计中协作沟通；学生在作业落实上自我管理；家长在家庭教育中监督引导⑦。

在传统教育期望、社会评价机制、资源供需矛盾等因素的影响

---

① 杨清：《"双减"背景下中小学作业改进研究》，《中国教育学刊》2021年第12期，第6—10页。
② 陈幼玲：《强化整体认知提升思维水平——"双减"政策下小学数学作业设计》，《福建教育学院学报》2021年第22卷第11期，第88—91页。
③ 新华社.关于进一步减轻义务教育阶段学生作业负担和校外培训负担的意见：中共中央办公厅、国务院办公厅发[A/OL].(2021-07-24) [2022-05-10]. http://www.gov.cn/zhengce/2021-07/24/content_5627132.htm
④ 宁本涛、杨柳：《中小学生"作业减负"政策实施成效及协同机制分析——基于全国30个省(市、区)137个地级市的调查》，《中国电化教育》2022年第1期，第9—16、23页。
⑤ 罗枭、侯浩翔：《义务教育阶段教师对"双减"的政策感知分析与改进建议》，《中国电化教育》2022年第3期，第22—29页。
⑥ 柯清超、鲍婷婷、林健：《"双减"背景下数字教育资源的供给与服务创新》，《中国电化教育》2022年第1期，第17—23页。
⑦ 王学男、赵江山：《"双减"背景下作业设计的多维视野和优化策略》，《天津师范大学学报(社会科学版)》2022年第2期，第38—44页。

下，家长普遍存在教育焦虑[1]，突出表现为起点焦虑、空当焦虑、分流焦虑与教改焦虑[2]。社交媒体时代，各类教辅机构与育儿社群将众多家长裹挟进教育信息的洪流之中，通过群际传染，家长原本的教育焦虑情绪进一步放大，甚至走向异化[3]。在社会、文化资本的作用下，部分家庭通过课外补习缓解部分焦虑情绪，部分家庭受资本有限性的限制而陷入教育焦虑的恶性循环[4]。与父辈相比，新一代农村家长对子女的教育期望更高，也更加注重对子女的教育培养，但由于文化素养有限，他们往往盲目增加教育投入，甚至代替子女选择教育出路[5]。"双减"政策不仅使学生学习负担大大减轻，也通过促进家校沟通协作纾解了家长的焦虑情绪[6]。但值得注意的是，政策的实施破坏了传统教育竞争赛道上目标和手段之间的统一，广大家长拥有的单一、同质性教育焦虑向不同方向扩散[7]。要想从根源上缓解教育焦虑，就必须提高学校教学质量、丰富教育教育资源供给[8]。

"双减"政策虽然遏制了校外培训机构野蛮生长，但它也带来了新

---

[1] 吴信英：《教育焦虑现象的成因及纾解之道》，《人民论坛》2019年第24期，第138—139页。
[2] 顾严：《求解：结构性教育焦虑与结构性教育矛盾》，《探索与争鸣》2021年第5期，第9—11页。
[3] 李沁柯：《"鸡娃"情绪唤起：城市中小学家长的教育焦虑与社交媒体使用》，《东南传播》2021年第11期，第120—123页。
[4] 巩阅瑄、陈涛、薛海平：《爱的边界：家庭教育焦虑是否会增加课外补习投入？》，《教育发展研究》2021年第41卷第Z2期，第82—92页。
[5] 刘善槐：《农村家长的"教育焦虑"从何而来》，《人民论坛》2020年第14期，第72——74页。
[6] 王家祥、茹宗志：《"双减"政策背景下家长教育焦虑的纾解》，《教学与管理》2022年第7期，第19—22页。
[7] 段会冬、莫丽娟、王轶哲：《"双减"政策背景下如何安放家长的教育焦虑——基于幼小衔接的分析》，《广西师范大学学报(哲学社会科学版)》2022年第58卷第2期，第73—82页。
[8] 谢欣荷：《"双减"政策后校外培训机构如何再进行教育焦虑贩卖？——一项以A校外培训机构为个案的教师课堂话语分析》，《教师教育论坛》2021年第34卷第10期，第13—16页。

的教育问题。首先是教师的工作负担问题。一方面，课后服务使教师工作时间延长；另一方面，为达成"减质增量"的教学目标，老师的备课难度提高，工作压力变大[1]。在应试环境和教学任务没有改变的情况下，"双减"政策并未考虑到教师的隐形工作负担，超额的工作量与社会期待使中小学教师普遍产生了职业倦怠，尤其是广大女老师[2]。此种情形下，教师的减负工作势在必行，包括改进课后服务模式、落实弹性工作制度、提升教研体系等[3]。从顶层设计开始，学校需强化"人文"底色，自下而上地了解教师需求，维护教师的工作幸福感[4]。在教师的评价体系上，学校需精简指标内容、抓住评价重点，并完善补偿机制[5]。

其次是教育公平问题。"双减"政策引发教育公共服务体系发生结构性调整，或将加剧教育薄弱学校的劣势，扩大不同阶层、区域和城乡间的教育鸿沟[6]。收入差距影响着社会分层体系，进而影响教育资源的获得机会。未来，教育差距又在很大程度上决定着预期收入，社会由此陷入死循环[7]。推行课后服务能在一定程度上弥补因家庭资本多寡导致的教育不平等问题，但这一举措在实际运行过程中能否不偏离初衷仍需时间检验[8]。国家致力修复教育生态，从源头严

---

[1] 于川、杨丽乐：《"双减"政策背景下教师工作负担的风险分析及其化解》，《当代教育论坛》2022年第1期，第87—96页。
[2] 黄路遥：《"双减"背景下小学教师职业倦怠的归因探究——以社会性别为视角》，《广西师范大学学报(哲学社会科学版)》2022年第58卷第3期，第50—62页。
[3] 徐承芸、林通：《"双减"政策实施后师生现实状况审思——基于对江西省部分小学师生的调研分析》，《基础教育课程》2022年第7期，第14—20页。
[4] 张玉萍：《"双减"背景下教师幸福感的维护与促进》，《教育科学论坛》2022年第1期，第5—10页。
[5] 林慧清：《"双减"背景下中小学教师评价指标体系的优化》，《福建教育学院学报》2022年第23卷第2期，第16—19、32、129页。
[6] 余晖：《"双减"时代基础教育的公共性回归与公平性隐忧》，《南京社会科学》2021年第12期，第145—153页、170页。
[7] 范国睿：《教育公平与和谐社会》，《教育研究》2005年第5期，第21—25页。
[8] 周洪宇：《"双减"政策落地应回归立德树人初心》，《中国教育学刊》2021年第12期，第2页。

格管控各类教培机构，逐步引导其回归公益属性[1]。然而，强制性的政策直接切断了家庭培训需求与机构供给服务之间的桥梁，由此形成的巨大培训真空或将滋生新的"地下教培市场"[2]。因此发展公共在线服务体系，优化教育资源供给将是一种路径选择。在"互联网+"时代，数字化学习资源开放化、免费化、高效率化，能够助力"双减"政策达成提质增效目标[3]。

最后是对教培行业的冲击。"双减"落地后，教培行业关闭上市融资渠道、业务收入断崖式下跌，它们急需开发新兴课程资源，实现快速转型[4]。另外，国家对机构的"营改非"整顿不仅诱发了"卷钱跑路"的恶性事件，导致广大家长维权无门；也产生了大量失业群体，给当地的社会治理带来巨大压力[5]。教培机构未来既可转向素质教育培训，也可与学校形成协同机制，承接部分课后服务[6]。体育中考分值增加之后，体育教育将拥有更广阔的市场，这也为教培行业的转型提供了新路径[7]。

综上所述，众多学者虽已对"双减"政策的落实及影响进行了诸多探讨，为后续研究奠定了理论基础，但也存在诸多问题。首先，

---

[1] 张志勇:《"双减"格局下公共教育体系的重构与治理》，《中国教育学刊》2021年第9期，第20—26、49页。

[2] 杨小敏、阳科峰、张艳荣:《"双减"政策有效落实的潜在困境与应对策略——兼论公共在线教育服务体系建设》，《四川师范大学学报(社会科学版)》2021年第48卷第6期，第53—61页。

[3] 孟亚玲、史慧丽:《数字化学习赋能"双减"的策略研究》，《教育导刊》2022年第3期，第57—62页。

[4] 王蓓蓓、王静怡:《"双减"政策下教培机构的转型发展策略探析》，《中外企业文化》2021年第11期，第194—195页。

[5] 邱兴、李德树、刘敏等:《"双减"政策在区域落实中的校外培训机构治理问题与对策》，《成都师范学院学报》2022年第38卷第3期，第1—7页。

[6] 胡文艳:《"双减"政策下各利益相关者的转变措施》，《国际公关》2021年第6期，第36—37页。

[7] 沈克印、吕斌、王戬勋:《"双减"政策下体育教育培训业的高质量发展》，《体育教育学刊》2022年38卷第1期，第23—30、95页。

学者们多针对某一或多方教育主体泛泛谈论"双减"政策的影响或潜在问题，没有聚焦特定地域或特定群体的实际情况和问题；其次，他们仅看到"双减"政策与相关社会因素的表层关联，较少从社会学视角出发探究现象背后的深层运作机制；最后，相关研究缺乏实证调查数据支撑，研究结论或观点缺乏说服力。

二、研究设计

（一）研究方法

1. 非结构式访谈法

笔者提前联系校内熟悉的 L 老师，将其作为田野报道人。通过 L 老师的介绍，笔者取得 5 位老师的信任并与其建立联系。访谈围绕"双减"工作的实施情况这一主题展开，主要包括工作任务变化、学生成绩变化和考核体系变化三方面。此外，笔者以这些老师为中间人，与 14 位学生及家长接触，一方面了解孩子在"双减"政策出台前后的课业负担变化、校外补习内容变化、各科成绩变化等；另一方面询问家长们对这一政策的看法和近期的教育支出变化。

2. 观察法

受制于疫情管控，笔者无法以实习教师的身份进入校园对课后服务开展情况及师生表现进行观察，只观察到几位学生的假期活动。征得家长同意后，笔者以"玩伴"的身份参与镇上几位孩子的假期生活，在尽量不干扰他们正常活动的前提下，观察其在作业、游戏、休息上的时间安排。

（二）调查过程

1. 调查地点

考虑到可行性和方便性，此研究的调查地点为湖北省宜昌市W镇小学。它现设12个教学班级，在编教职工41名，教师平均年龄45岁。除了重视课堂教学质量，学校还注重学生的综合素质。它先后成立了17个社团，如非洲鼓、皮影戏、手工等，把丰富的社团活动当成课堂教学的拓展和延伸。在"立德立人、唯正唯实"八字校训的指引下，学校曾荣获"湖北省绿色文明校园""宜昌市美丽校园"等荣誉称号。

2. 调查对象

研究对象为W镇小学的全体师生。首先对不同年级的5位班主任进行访谈。然后，借助班级花名册及老师们的简要介绍，笔者根据不同的家庭背景、学习成绩、性格特征等因素通过判断抽样选择出14位学生及其家长作为调查对象，并通过班主任这一中间人与其建立良好关系。

经过老师们的介绍，笔者了解到学生中留守儿童多，离异家庭较为普遍，许多孩子的成长过程中严重缺失家庭教育。受文化水平和传统抚育观的制约，主要承担抚养责任的爷爷奶奶并不重视孩子的教育，老师们也很难与其进行深入的沟通。因此，考虑到由访谈对象的理解和表达能力带来的潜在访谈困难，笔者主要选取"父母陪伴型"的家庭进行调查。以下是调查对象的基本情况（如表1、表2所示）：

表1 4位教师的基本情况

编码	性别	年龄	工作岗位	所属年级
T1	女	39岁	语文老师兼班主任	一年级

续表

编码	性别	年龄	工作岗位	所属年级
T2	男	52岁	数学老师兼班主任	二年级
T3	女	31岁	英语老师兼班主任	三、四年级
T4	女	38岁	数学老师兼班主任	四年级
T5	女	46岁	语文老师兼班主任	六年级

表2　14位学生及其家庭基本情况

编码	性别	年级	成绩状况	家庭状况
S1	男	四年级	中上游	家庭相对富裕，妈妈在辅导班当前台
S2	男	四年级	上游	多子家庭，父亲在外打工，收入一般
S3	男	四年级	上游	主干家庭，父母经营一家五金店铺
S4	男	二年级	中游	多子家庭，家里开着小百货商店
S5	男	六年级	上游	家庭收入可观，父母放养式育儿
S6	男	六年级	上游	家庭富裕，父母工作忙，奶奶照顾孩子
S7	女	三年级	中游	家里开早餐店，忙时顾不上辅导孩子
S8	女	六年级	中游	收入一般，妈妈在镇上手机店上班，兼照顾孩子
S9	男	四年级	中游	主干家庭，由爷爷奶奶照顾，收入不错
S10	男	四年级	中上游	收入不错，妈妈工作忙，由爸爸管学习
S11	男	四年级	上游	家庭状况一般，妈妈曾是幼儿园老师，现在家待业

续表

编码	性别	年级	成绩状况	家庭状况
S12	男	四年级	下游	经济条件一般，父母不重视教育
S13	女	三年级	下游	离异家庭，爸爸常年在外打工，爷爷奶奶抚养
S14	女	六年级	中下游	留守儿童，父母在家种地，收入不高

3. 调查内容

调查内容包括三方面：一是"双减"政策前后乡镇小学生的作业负担变化、校外补习内容变化、成绩变化；二是"双减"后学校课后服务的开展状况及困难、各科老师的工作任务变化；三是不同家庭面对"双减"政策的态度差异及原因；三是W镇小学"双减"实施情况及影响。

（一）学生学习负担减轻，教师工作负担加重

课外作业是课堂教学的衍生，适量的训练题能帮助学生及时巩固所学知识点。然而，由于W镇小学教学水平有限，老师长久以来深陷于"题海战术"，期望以大量的同质化习题强化课堂教学。"双减"政策出台以前，该校学生每日面临着繁杂的抄写、背诵任务和习题作业。通常情况下，平均每位学生全部完成家庭作业需花费1.5~2小时，临近期末考试时作业量更大。通过调查，笔者发现：由于学校留守儿童较多，家长在作业辅导和监督上的投入较少，家庭作业的完成效果不佳，甚至出现部分学生抄袭作业的现象。此外，大多数学生认为抄写作业枯燥无聊，做作业的积极性不高。"双减"政策明确要求压减学生每日作业总量，并对作业完成平均时间进行了规范。红

头文件之下，各科老师纷纷优化作业设计、精简作业内容。在交谈中，几乎所有学生都感觉家庭作业明显减少，校内课业负担明显减轻。另外，"双减"叫停了学科类培训，对于节假日被辅导班占据的部分孩子来说，日常学习的疲惫感减弱，休息娱乐时间增多。总体来看，"双减"成效明显，学生获益良多。

然而，基于越发激烈的应试教育环境，家长期望孩子成才的诉求依然强烈，因此部分家长会购买教辅资料在家给孩子增负。学校减负而家长增负，少数学生的学习压力并未得到实质性的缓解。通过假期的观察，笔者发现：在注重教育的家庭里，要求严格的妈妈并不会放松孩子的学习，反而会出于对孩子在校学习效果的担忧而设法在家增负。一些父母基本秉持"学总比不学强"的观念，认为：没有学习束缚，孩子会沉迷于手机、电视，与城区孩子的差距会越来越大。"玩"是孩子的天性，面对父母的施压和管束，他们表示不解和抱怨，发出了"学习好累"的感叹。

S1：现在不补课了真好，以前要不是我妈逼着我去，我才不去……老师是没布置很多作业，有些是读书、看书这些，这些老师又不会真正检查，我就可以不做……老妈给我买了试卷，我每个星期要做两张，还要练字，好烦。

S2：现在不补课感觉很好，不疲惫……我每个星期都要做卷子，先是数学，然后是语文，还要在家教机上学英语……别的同学应该很轻松，我没多大感觉，我妈跟我布置了好多额外作业，她监督我做。

S3：以前我每周都要补课，上午补英语，下午补数学，回来还要写补习班的作业……现在我一点都没觉得轻松多少，回家后还是要做很多额外的训练题。

"双减"过后，学校回归教育主阵地，无形之中给学校提出了更高的教育要求，增加了老师的工作负担。一方面，在"减量不减质"的工作要求下，老师们需投入更多的时间与精力进行作业设计，以课后习题为蓝本，选取适量习题以提高作业的实效性。另一方面，课后服务模式大大增加了老师的日常工作量，延长了其工作时间。对于师资力量相对匮乏的W镇小学来说，老师们的教学工作和行政任务已经非常繁重，而"双减"工作又给每位老师提出了新任务和新要求，导致他们原来可自由安排的休息时间被严重压缩。

T4是四年级的数学老师，兼任班主任。她表示，"双减"后自己每日布置的数学作业量减少，主要是针对基础知识点的简单习题。减负之初，T4略显不适，无法平衡教学目标和作业设计。在她看来，农村生源状况不佳，多数学生无法消化课堂内容，只得通过家庭作业加以弥补。而如今的减负工作倒逼一线老师强化作业筛选、提高课堂效率，她需要在课内外花费更多的精力完成教研设计、应对各种检查。再加上每日的课后延时服务，她表示工作负担沉重，自身精力不足。

> T4：我们老师也知道"题海战术"很不科学、效果不好，但熟能生巧嘛。课堂只有45分钟，接受能力差一点的学生靠上课完全不能掌握知识点……现在上头明文规定，我们肯定要遵守，基本上就只布置书本的课后习题……我个人认为，国家现在强调减负，学生的作业负担是小了，但老师的负担变大了。

T3是比较年轻的女老师，由于从城区抽调的轮岗老师尚未落实，这学期她被安排教授三、四年级两个班的英语课，工作量大幅增加。在访谈中，她表达了学生减负后的教学压力。乡镇地区教学环境有限，学生的整体学习能力差，因此少量的硬性作业很难对教学进行有效补充。她虽布置了部分弹性作业，但这全凭学生的自觉性和家长的重视度，效果微乎其微。为保证教学质量，她只得在有限的课堂教学上下功夫，并利用零散的课余时间对班上的学困生进行辅导。此外，课后服务的"5+2"模式无形中延长了工作时间，沉重的工作负担极大阻碍了她作为母亲、妻子、女儿的角色，家庭与工作的矛盾越发突出。

  T3：本来这学期就多带了一个班，教学任务增加一倍，"双减"之后我们还得负责两小时的课后服务，忙起来的时候基本顾不上家里。基本上我每天早上7点半到学校，忙完课后服务、照管好住宿生后大概就晚上8点了，那我最早回家也要晚上8点半左右。我家孩子那个点都在洗漱，准备睡觉了，根本谈不上陪伴。

  教育场域中包含学校、老师、学生等多方主体，当外部政策力量进入时，场域内的暂时性平衡被打破，各方进行责任重组和位置互换。作为一项系统性工程，"双减"不仅要关注学生的减负需求，更要兼顾一线教师的工作负担和利益需求。减负工作在强化学校教育主阵地的同时，未能充分权衡现阶段的师资力量，寄予老师过多的教育责任和过高的角色期望。若国家不及时回应教师群体的减负诉求、引入社会资源分担教师教育责任，长期处于超负荷的工作状态下，老师很容易出现职业倦怠。如此，学校不仅无法达成育人目标，反而造成教学质量下滑。

（二）课后服务开展受阻，家长意见出现分歧

W 镇小学的课后服务分为两部分：16:35—17:20 进行素质拓展，学生到各自的社团参加活动；17:25—18:10 的后半段时间里进行作业辅导，学生完成各科作业，老师进行集中批改和讲解。老师是落实课后服务的主力军，他们的教学态度直接影响着课后服务的实施效果。由于师资力量有限，学校并未提前征集意见而直接采用自上而下的方式将课后服务相关工作均摊到每位老师身上。并且，据笔者了解，从 9 月政策出台到秋季学期结束，W 镇教师并未获得参与课后服务的工资补助或福利补贴。平均工作时间延长、任务增多但工资激励并未落实，导致多数老师参与课后服务的积极性不高。

T2：从 9 月份政策出台到这学期结束，我们一分钱的额外收入都没有。上次开会的时候校长说过，宜昌市教育局不久之后出台一个政策，下学期应该就会开始收费，之前的就当是义务劳动吧！

利用课后服务的契机，学校开展多样社团活动，能在一定程度上发展农村学生的兴趣爱好，促进其全面发展，但受经费与配套资源匮乏的制约，W 镇小学的课后服务质量不高，或将落入形式主义的陷阱。与城市教师相比，乡镇学校开展综合实践活动的经验较少。"5+2"的课后服务模式对 W 镇小学教师来说是比较陌生的事物，因此在内容设置、组织方式、资源配置方面，学校和老师不自觉地照搬城区模式。由于缺少对乡镇现实情况的关照，W 镇小学的课后服务在推行过程中出现了一些问题，无法有效满足学生的多样化需求，助力其全面发展。

T4：我们不像那种城区学校，没有专职老师……我也不是很精通书法，只是之前读师范的时候学过一点，教得也不是很专业。学校虽然和文化馆那边沟通过，请那边的老师过来指导一下。不过这学期那些人就来过三四次，基本上还是靠我们自己。

通过交谈，笔者发现：14位家长基本对课后服务的内容表示满意，但由于家校沟通不畅，几位家长对课后服务的实施效果表示怀疑，认为社团活动对孩子学习无益，并表示可将活动时间适量挪给作业辅导。"拿高分""考名校"是许多农村家长最质朴的愿望，因此他们更愿意看到孩子多花时间进行习题训练而不是发展兴趣爱好。这些家长虽了解素质教育的改革方向，也认同提升综合能力的重要性，但他们认为：所谓的素质教育是需要花钱购买的，而自身缺乏经济能力，学校也缺乏相应的教学能力。既然新赛道并不适合农村情况，重视教育的家长就希望加强作业辅导来维持、提高自家孩子在传统赛道上的位置。

S1妈：现在说是有课后服务，但老师到底有没有认真辅导作业，辅导的内容又是什么，我不是很清楚……兴趣活动是有作用，但不用天天开，小孩子的玩性本来就很大，老师多讲讲题对孩子更有好处。

S8妈：课后服务对学习没什么帮助，但是待在学校，不管怎么说，老师都起到个监督作用，比回家看电视、玩手机好。作业辅导这一点也蛮好，孩子有什么不会的就问老师，还是减轻了家长的负担。这学期课后服务也没收费，就当是免费补习了。

课后服务在某种程度上发挥了校外补习班的作用，理应收取适当费用。然而，校方在新学期正式向家长明确收费事宜时，双方很可能因沟通不畅而产生误解，部分家长甚至会将其划为乱收费现象，阻碍课后服务的正常开展。在访谈中，当笔者询问"若下学期学校收取服务费，您还能接受课后服务"时，几位家长就表现出犹豫态度。

场域具有特殊性，不同教育场域中的资源状况和社会关系存在差距。与教学环境优越的城市学校不同，乡镇教育场域中的资源相对匮乏，"一刀切"的课后服务模式在落地过程中存在诸多问题，开展效果不佳。若教育部门能关照到乡镇教育的资源困境，一方面根据实际情况适当变通政策要求；另一方面采取增加音美体师资配置、提供教育经费补助等补偿性措施，W镇小学将能有效推进课后服务，完成育人目标。

（三）课外辅导机构叫停，家长心情喜忧参半

伴随农村地区收入水平的不断提高，农村家长越发重视子女教育问题。在教培行业的疯狂营销之下，农村父母纷纷被卷入补课风潮，给孩子安排了满满的课外培训。通过调查，笔者发现参与课外补习的学生不在少数。由于乡镇地区的家长仍然秉持传统的应试教育观，且培养兴趣特长的日常花销大、见效慢，因此许多家长将其视为城市孩子的专利，鲜少考虑。

"双减"出台后，教培机构按规定取消学科类培训，一些孩子的补课计划被迫暂停。鉴于补课供给的变化，家长们表达了不同的意见。部分家长认为补课与成绩提高的关系不大，取消课外补习班能够减轻普通家庭的经济负担，让孩子多一些休息娱乐时间；而部分家长认为补课确实能起到巩固知识的作用，满足提分需求，补习班暂停后孩子对优质教育资源的需求无法满足。

S2妈：这个"双减"也才实行了几个月，也不好说。我儿子这次的语文成绩有点下降，不过也不一定是没补课才这样的……这个补课还是要看个人。对那些自觉性高、接受能力强的小孩来说，补课确实有用，但有些孩子本来就贪玩，说是补习，不过是换了一个环境玩。

S11妈：乡镇地区的老师水平有限，教学上远远赶不上城里的。以前在学校没听懂的，还能去补习班再学一遍。停掉辅导机构倒是减轻学生负担了，但孩子最终还是要考试的啊，课堂就45分钟，教不了很多。

虽然课外补习并未使孩子的学习突飞猛进，但秉持"多学总比少学强"的观念，多数家长仍表示"愿意花钱买心安"，补课需求旺盛，尤其是孩子成绩优异且收入不错的家庭。在访谈的14位家长中，有一半左右的家长曾经报名课外补习。短期内，减负工作并无法改变激烈的教育竞争环境，受"望子成龙、望女成凤"的心理趋势，广大家长未来或将瞄准教辅资料，以大量习题训练替代补习班。

S1妈：现在又不补课，作业又少，他天天光顾着看电视了，这样下去也不是个办法……上次开家长会，我问过老师的建议，说是在家可以买点教辅资料，督促孩子完成，不会的也可以带到学校问她。

S6爸：不能补习的话我们就多买点参考资料，平常多辅导辅导他……我侄女儿在宜昌上学，她说班上有好多同学在家都请家教，学习抓得很紧。乡镇没有家教那种资源，但我们还是要想办法给孩子加点量，不然孩子拿什么去和别人竞争呢？

教育场域是多种元素构成的网络，仅依靠行政命令阻止校内外教育资源过度叠加无法有效打破教育内卷化局面。当前优质公共教育资源十分有限且地区分配严重失衡，在严峻的升学环境下，部分学生及其家长的学科类补课需求将长期存在，尤其是处于竞争劣势的农村学生。虽然"双减"系列举措直指学生的综合素质能力提升，但基于高考制度和城乡教育资源的多寡程度，多数农村家庭在很长一段时间内仍将遵循应试教育场域的竞争规则，专注考试科目而轻视兴趣培养。为弥补课外培训的空当，部分家长或将求助教辅资料。

（四）学生分层现象凸显，教育不公局面加重

"双减"政策打乱了传统教育节奏，中小学生课业负担减轻，在家自由支配的时间增多。在此之前，部分家长尚可购买校外补习服务减轻自身教育责任，而如今学科类培训全面停止，家庭文化和父母在家庭教育上的投入程度将极大决定孩子未来的学业成就。在家庭收入状况不错，父母文化修养较高的家庭里，孩子不仅能获得优越的学习环境，也能在父母的熏陶下养成良好的学习习惯。而文化水平不高、经济拮据的家庭无法给子女提供优质教育资源和教育机会，更无力进行学习辅导。通过家庭资本的作用，拥有不同家庭背景的孩子所继承和习得的文化资本相差甚远，从而产生教育不公现象。在乡镇地区，留守儿童较为普遍，并且多数父母忽视家庭教育的重要性，认为"教育是学校的事情"。基于农村学生的教育劣势，"双减"政策的推行或将加速学生分层，使教育不公问题越发突出。

由于农村家庭教育严重不足，子女的学习成就很大程度上依赖学校及老师。"双减"政策的落地强化了学校教育主阵地作用，在某种程度上确实增多了农村学校的教育资源和机会，弥补因课外补习带来的教育鸿沟。但由于教育资源配置的结构性矛盾长期存在，乡镇学校在推行"双减"的过程中将面临新的教育不公挑战。首先，学科辅导职能回归学校会进一步加剧乡镇学校的资源劣势。由于师资力量和资源条件有限，素质发展的新要求分散了教师的教学精力，若其工作负担无法得到有效缓解，学校的整体教学质量将无法保障。其次，原有的校外补习班通过大班或网络授课的方式向多数家庭开放，而"双减"政策后，尚存的私人家教因其高昂的家教费用将低收入家庭及农村地区学生拒之门外。城市的中高收入群体以家教的形式将经济优势转化为子女的文化优势，拉大了不同地区、不同家庭学生的教育差距。

> T5：之前我看到网上有文章说，现在虽然不能补课，但城里的有钱人都是请的老师直接驻家，成为一种新型的保姆，这个保姆其实主要就是给孩子补课，但是在农村的话就是搞不成。我觉得这个时候贫富的差距也就体现出来了，普通的农村家庭哪里负担得起？
>
> S1妈：我们乡下不能补课，但有钱人家还是能请一对一啊。补课对农村那些成绩好的孩子还是有用的，你想同样的知识学两遍肯定更熟练一些，巩固知识还是不错。但是现在，我们的孩子想补都没有办法补，没有城市那样的资源。

由于家庭拥有的资本状况不同，不同学生在进入教育场域时就已经存在资源和机会的不平等。在此后的教育竞争中，处于优势地位的主体会将已有的文化资本、经济资本、社会资本当作特权，通过资本转化和代际传承等方式进行再生产，维持自身在教育竞争中的优势。"双减"实施后，生活富裕的城市家庭能有效将经济资本转化为文化资本，聘请私人家教给孩子巩固、拓展知识，而乡镇地区缺乏这一教育资源和相应的社会条件，因此城乡孩子的教育差距将越来越大。就 W 镇小学而言，不同父母对孩子抱有的教育期望不同、家庭教育的投入程度不同，孩子未来的学习状态也将呈现两极分化趋势，成绩分层明显。

三、结论与反思

校内外减负效果明显，但部分家长囤积教辅资料给孩子增负。这一现象的背后是学生们日趋激烈的升学压力和优质教育资源的供给不足。教育场域是多元素的存在，外部政策很难转变根深蒂固的应试教育理念及内卷化的教育大环境。长期以来，乡镇学校处于教育竞争的劣势地位，多数学生只得通过题海战术来弥补薄弱学科，老师和家长也习惯以分数论成败。教培行业的兴起虽然不断加剧教育竞争，但大班补课也变相为农村学生提供了新的优质教育资源，经济条件允许的农村家庭能通过市场化购买帮助孩子查缺补漏，巩固课堂知识。而"双减"政策从校内校外同时发力，不仅极大压缩了作业总量，更切断了农村学生通过课外补习获取优质教育资源的机会，从而引发部分家长新一轮的教育焦虑。在一定的教育期待下，优等生家长为保持孩子的成绩优势，或是中等生家长为了让孩子向优等生行列发展，丝毫不会放松对孩子的学习管理，反而将目光投向教辅资料，自行给孩子布置额外作业。中小学生学习负担沉重是多种因素综合作用的结果，因此国家的减负政策不能仅停留在减少作业量、取消课外培训这些外在层面，更要深入改革考试制度，优化人才选拔方式和教育教学理念。

教师工作负担加重，精神压力较大。"双减"在全面压缩学生作业量的同时，也向老师们提出"减量提质"的教学新目标。此外，

"5+2"的课后服务模式变相增加老师工作任务、延长其工作时间。当前，W镇老师不仅要完成日常教研工作、家校沟通、行政管理等事务，更要花费时间与精力优化教学方式、加强作业设计、开展社团活动等。教育场域中，老师的教与学生的学共同构成完整的教育活动，只有兼顾双方利益才能达成最终目标。"双减"直指学生作业负担，却极大忽视教师权益。老师是教育教学的执行主体，若在给他们增负的同时忽略配套激励措施、补贴措施的完善，将很难调动他们的工作热情，对提升教学质量的目标无益。教育改革是一项系统性工程，政策力量在进入学校场域时会引发一系列变化，师生关系、利益与责任进行重新分配，很容易出现新的矛盾与冲突。为顺利实现教育转型，未来学校需适当调整激励制度，将课后服务纳入教师绩效考核和评职制度之中，激发一线教师的工作动力。其次，领导层应加强与一线教师的沟通，及时了解他们的工作诉求并作出有效回应。

"双减"政策对不同家庭的影响程度不同，基础教育或将面临新的公平性挑战。国家从供给侧着手全面取消校外培训，引导基础教育服务体系回归公平。这一政策初衷固然很好，但并未考虑现实生活中家庭资本与文化资源获取之间的潜在关联。首先，政策落地后，城市的富人家庭仍然能依靠雄厚的经济资本聘请私人家教，延续子女的教育资源优势；而农村的普通家庭经济能力有限，对昂贵且稀缺的家教资源望而却步。如此，家庭贫富状况直接与教育资源、机会挂钩，农村学生的教育劣势更加明显。其次，家庭教育对子女的成长成才越发重要，父母的文化素质直接影响孩子未来的学业成就。W镇学生家长的受教育程度普遍不高，他们中的大多数无法理解减负的实质，反而将教育责任推卸给学校和老师；只有少数家长的教育素养较高，意识到家庭教育的重要性，加强了对子女的学习陪伴与监督。基于父母的不同政策态度和应对策略，W镇学生的未来学习成绩将愈发两极分化，呈现出"优生更优，差生更差"的局面。

  乡镇学校在落实"双减"工作的过程中存在资源困境。"双减"政策在强化学校教育主阵地的同时，也使校际教育资源差距越发明显。城区学校师资力量强，教学质量高，面对"双减"工作时更加从容。但对处于资源劣势的乡镇学校来说，完成常规教学工作、提供优质课堂教学已有些吃力，额外增加课后服务之后，学校配套设施短缺、教师教学精力不足。此种状况下，"双减"政策将逐渐偏离"回归教育公平"的初衷，愈发加剧乡镇学校的教育劣势。作为一项系统性工作，国家在推进减负工作的同时也要充分把握乡镇学校的教育劣势地位，增强对农村学校的资金帮扶与政策倾斜，以弥补其师资短板、提高其办学条件。在外部资源的作用下，乡镇小学的教育活力将被激发，以更高的教学水平更加从容地面对素质教育的改革方向，避免城乡教育差距进一步拉大。

参考文献

[1][法]皮埃尔·布迪厄,[美]华康德著.实践与反思:反思社会学导引[M].李猛,李康译.北京:中央编译出版社,2004.

[2]陈永峰.场域、文化与认同:我国高校留学生趋同教育的创新维度[J].黑龙江高教研究,2021,39(10).

[3]陈幼玲.强化整体认知提升思维水平——"双减"政策下小学数学作业设计[J].福建教育学院学报,2021,22(11).

[4]段会冬,莫丽娟,王轶哲."双减"政策背景下如何安放家长的教育焦虑——基于幼小衔接的分析[J].广西师范大学学报(哲学社会科学版),2022,58(02).

[5]范国睿.教育公平与和谐社会[J].教育研究,2005,(05).

[6]范涌峰."后减负时代"基础教育高质量发展的生态重构[J].四川师范大学学报(社会科学版),2021,48(06).

[7]巩阅瑄,陈涛,薛海平.爱的边界:家庭教育焦虑是否会增加课外补习投入?[J].教育发展研究,2021,41(Z2).

[8]顾严.求解:结构性教育焦虑与结构性教育矛盾[J].探索与争鸣,2021,(05).

[9]郭凯.文化资本与教育场域——布迪厄教育思想述评[J].当代教育科学,2005,(16).

[10]胡文艳."双减"政策下各利益相关者的转变措施[J].国际公关,2021,(06).

[11]黄路遥."双减"背景下小学教师职业倦怠的归因探究——以社会性别为视角[J].广西师范大学学报(哲学社会科学版),2022,58(03).

[12]柯清超,鲍婷婷,林健."双减"背景下数字教育资源的供给与服务创新[J].中国电化教育,2022,(01).

[14]林慧清."双减"背景下中小学教师评价指标体系的优化[J].福建教育学院学报,2022,23(02).

[15]刘善槐.农村家长的"教育焦虑"从何而来[J].人民论坛,2020,(14).

[16]刘生全.论教育场域[J].北京大学教育评论,2006(01).

[17]刘爽."就近入学"政策实施困境研究——基于布迪厄场域理论的视角[J].现代教育科学,2019,(08).

[18]刘远杰.场域概念的教育学建构[J].教育学报,2018,14(06).

[19]罗枭,侯浩翔.义务教育阶段教师对"双减"的政策感知分析与改进建议[J].

中国电化教育，2022，(03).

[20] 孟亚玲，史慧丽.数字化学习赋能"双减"的策略研究[J].教育导刊，2022，(03).

[21] 宁本涛，杨柳.中小学生"作业减负"政策实施成效及协同机制分析——基于全国30个省(市、区)137个地级市的调查[J].中国电化教育，2022，(01).

[22] 邱兴，李德树，刘敏，等."双减"政策在区域落实中的校外培训机构治理问题与对策[J].成都师范学院学报，2022，38(03).

[23] 沈克印，吕斌，王戬勋."双减"政策下体育教育培训业的高质量发展[J].体育教育学刊，2022，38(01).

[24] 王蓓蓓，王静怡."双减"政策下教培机构的转型发展策略探析[J].中外企业文化，2021，(11).

[25] 王家祥，茹宗志."双减"政策背景下家长教育焦虑的纾解[J].教学与管理，2022，(07).

[26] 王学男，赵江山."双减"背景下作业设计的多维视野和优化策略[J].天津师范大学学报(社会科学版)，2022，(02).

[27] 吴信英.教育焦虑现象的成因及纾解之道[J].人民论坛，2019，(24).

[28] 谢欣荷."双减"政策后校外培训机构如何再进行教育焦虑贩卖？——一项以A校外培训机构为个案的教师课堂话语分析[J].教师教育论坛，2021，34(10).

[29] 新华社.关于进一步减轻义务教育阶段学生作业负担和校外培训负担的意见：中共中央办公厅、国务院办公厅发[A/OL].(2021-07-24)[2022-05-10]. http://www.gov.cn/zhengce/2021-07/24/content_5627132.htm

[30] 徐贲.教育场域和民主学堂[J].开放时代，2003，(01).

[31] 徐承芸，林通."双减"政策实施后师生现实状况审思——基于对江西省部分小学师生的调研分析[J].基础教育课程，2022，(07).

[32] 杨清."双减"背景下中小学作业改进研究[J].中国教育学刊，2021，(12).

[33] 杨善华，谢立中主编.西方社会学理论（上）[M].北京：北京大学出版社，2005，(02).

[34] 杨小敏，阳科峰，张艳荣."双减"政策有效落实的潜在困境与应对策略——兼论公共在线教育服务体系建设[J].四川师范大学学报(社会科学版)，2021，48(06).

[35] 于川，杨丽乐."双减"政策背景下教师工作负担的风险分析及其化解[J].

当代教育论坛，2022，(01).

[36] 余晖."双减"时代基础教育的公共性回归与公平性隐忧[J].南京社会科学，2021，(12).

[37] 张玉萍."双减"背景下教师幸福感的维护与促进[J].教育科学论坛，2022，(01).

[38] 张志勇."双减"格局下公共教育体系的重构与治理[J].中国教育学刊，2021，(09).

[39] 周洪宇."双减"政策落地应回归立德树人初心[J].中国教育学刊,2021,(12).

[40] 周序，郭羽菲.减轻课后作业负担的关键在于提升课堂教学的有效性——"双减"政策引发的思考[J].四川师范大学学报(社会科学版)，2022，49(01).